ACESSIBILIZE-SE
PESQUISA, INCLUSÃO, FORMAÇÃO, LEGISLAÇÃO, POLÍTICAS PÚBLICAS

Editora Appris Ltda.
1.ª Edição - Copyright© 2024 do autor
Direitos de Edição Reservados à Editora Appris Ltda.

Nenhuma parte desta obra poderá ser utilizada indevidamente, sem estar de acordo com a Lei nº 9.610/98. Se incorreções forem encontradas, serão de exclusiva responsabilidade de seus organizadores. Foi realizado o Depósito Legal na Fundação Biblioteca Nacional, de acordo com as Leis nos 10.994, de 14/12/2004, e 12.192, de 14/01/2010.

Catalogação na Fonte
Elaborado por: Dayanne Leal Souza
Bibliotecária CRB 9/2162

B813a 2024	Braga Junior, Francisco Varder Acessibilize-se: pesquisa, inclusão, formação, legislação, políticas públicas / Francisco Varder Braga Junior. – 1. ed. – Curitiba: Appris, 2024. 135 p. ; 21 cm. – (Coleção Psicopedagogia). Inclui referências. ISBN 978-65-250-5340-0 1. Acessibilidade. 2. Pessoas com deficiência. 3. Educação. 4. Política pública. I. Braga Junior, Francisco Varder. II. Título. III. Série. CDD – 371.9

Livro de acordo com a normalização técnica da ABNT

Editora e Livraria Appris Ltda.
Av. Manoel Ribas, 2265 – Mercês
Curitiba/PR – CEP: 80810-002
Tel. (41) 3156-4731
www.editoraappris.com.br

Printed in Brazil
Impresso no Brasil

Francisco Varder Braga Junior

ACESSIBILIZE-SE

PESQUISA, INCLUSÃO, FORMAÇÃO, LEGISLAÇÃO, POLÍTICAS PÚBLICAS

Appris editora

CURITIBA, PR

2024

FICHA TÉCNICA

EDITORIAL Augusto Coelho
Sara C. de Andrade Coelho

COMITÊ EDITORIAL Ana El Achkar (Universo/RJ)
Andréa Barbosa Gouveia (UFPR)
Antonio Evangelista de Souza Netto (PUC-SP)
Belinda Cunha (UFPB)
Délton Winter de Carvalho (FMP)
Edson da Silva (UFVJM)
Eliete Correia dos Santos (UEPB)
Erineu Foerste (Ufes)
Fabiano Santos (UERJ-IESP)
Francinete Fernandes de Sousa (UEPB)
Francisco Carlos Duarte (PUCPR)
Francisco de Assis (Fiam-Faam-SP-Brasil)
Gláucia Figueiredo (UNIPAMPA/ UDELAR)
Jacques de Lima Ferreira (UNOESC)
Jean Carlos Gonçalves (UFPR)
José Wálter Nunes (UnB)
Junia de Vilhena (PUC-RIO)
Lucas Mesquita (UNILA)
Márcia Gonçalves (Unitau)
Maria Aparecida Barbosa (USP)
Maria Margarida de Andrade (Umack)
Marilda A. Behrens (PUCPR)
Marília Andrade Torales Campos (UFPR)
Marli Caetano
Patrícia L. Torres (PUCPR)
Paula Costa Mosca Macedo (UNIFESP)
Ramon Blanco (UNILA)
Roberta Ecleide Kelly (NEPE)
Roque Ismael da Costa Güllich (UFFS)
Sergio Gomes (UFRJ)
Tiago Gagliano Pinto Alberto (PUCPR)
Toni Reis (UP)
Valdomiro de Oliveira (UFPR)

SUPERVISORA EDITORIAL Renata C. Lopes

PRODUÇÃO EDITORIAL Adrielli de Almeida

DIAGRAMAÇÃO Bruno Ferreira Nascimento

CAPA Daniele Paulino

REVISÃO DE PROVA Bruna Santos

COMITÊ CIENTÍFICO DA COLEÇÃO PSICOPEDAGOGIA, EDUCAÇÃO ESPECIAL E INCLUSÃO

DIREÇÃO CIENTÍFICA Ana El Achkar (Universo/RJ)

CONSULTORES Prof.ª Dr.ª Marsyl Bulkool Mettrau (Uerj-Universo)
Prof.ª Dr.ª Angelina Acceta Rojas (UFF-Unilasalle)
Prof.ª Dr.ª Adriana Benevides Soares (Uerj-Universo)
Prof.ª Dr.ª Luciene Alves Miguez Naiff (UFRJ)
Prof.ª Lucia França (UFRJ-Universo)
Prof.ª Dr.ª Luciana de Almeida Campos (UFRJ-Faetec)
Prof.ª Dr.ª Mary Rangel (UFF-Uerj-Unilasalle)
Prof.ª Dr.ª Marileide Meneses (USP-Unilasalle)
Prof.ª Dr.ª Alessandra CiambarellaPaulon (IFRJ)
Prof.ª Dr.ª Roseli Amábili Leonard Cremonese (INPG-AEPSP)
Prof.ª Dr.ª Paula Perin Vicentini (USP)
Prof.ª Dr.ª Andrea Tourinho (Faculdade Ruy Barbosa-BA)

Devemos não somente nos defender, mas também nos afirmar, e nos afirmar não somente enquanto identidades, mas enquanto força criativa.

(Michel Foucault)

AGRADECIMENTOS

Nessa seção faço apenas o registro do sentimento de gratidão a cada pessoa que contribuiu e contribui de alguma maneira para a conclusão dessa obra e a inclusão de todas as pessoas em sua volta, com os versos da música "Esperando na janela" do compositor Carlos Henrique Oliveira de Vasconcelos Alves.

Você é a escada da minha subida
Você é o amor da minha vida
É o meu abrir de olhos do amanhecer
Verdade que me leva a viver
Você é a espera na janela
A ave que vem de longe tão bela
A esperança que arde em calor
Você é a tradução do que é o amor.

*A todos os sujeitos envolvidos com
a inclusão de todas as pessoas nas mais variadas frentes de lutas.*

APRESENTAÇÃO

Ei, vem cá! Vamos conversar?
Tenho muito a falar e minha obra mostrar.
Vamos lá, começar? Como as ideias que vou apresentar,
Vai te possibilitar outras formas de pensar.
Atenção para a poesia, ela traz uma harmonia.
De conhecimento e melodia, registrando uma autoria.
Com Foucault, eu pensei e os conceitos fundamentei.
Com Veiga-Neto eu contei e assim argumentei.
Um lugar, um pertencimento, uma fala de um momento.
Num espaço e num tempo, constituindo um entendimento.
O problema em questão requer uma discussão,
A partir de reflexão, estudos e produção.
Para o objetivo alcançar, por outros autores, tive que consultar.
E assim problematizar o que está a incomodar.
Educação superior é um lugar de valor.
Um espaço de clamor a todos os sujeitos, por favor!
A expansão é uma ação do mercado em ascensão,
Na promoção de uma inclusão por dispositivos e condução.
Uma lei, um direito! Um direito, um respeito!
A acessibilidade do sujeito requer ainda muito feito.
A leitura da estatística gera em nós uma política.
Que, com uma boa analítica, desenvolve uma biopolítica.
Inclusiva e especial é a educação do pessoal.
Promovendo o social com outro referencial.
Um caminho a percorrer, com objetivos a suceder.
Que bom poder conhecer, resta agora fazer!
Para fundamentar! Com o suplício, vou começar.
Passando pelo poder disciplinar e a biopolítica na arte de governar.
Do território às relações de poder, eu estudei e com Foucault, conceituei.

E assim eu encontrei o pensamento que defenderei.
Tantos serão outros discípulos, nessa teoria de conflitos,
Merecendo muitos artigos para fundamentar os objetivos.
Uma história de antemão se faz na ocasião
Para contextualizar a educação e analisar a situação.
As pessoas envolvidas têm valor, mas não têm guarida.
Foi assim por toda a vida, uma visão distorcida.
A economia e a produção sempre pesaram na ação.
Foi aí que se deu a inclusão para permitir a participação.
Mercado, liberdade e política geram a minha crítica,
A partir de uma analítica com o governamento e a biopolítica.
É assim que vou chegar à acessibilidade para questionar,
A presença e criticar uma universalidade a demarcar.
É assim a lógica da inclusão a partir da exclusão,
Com uma diferença de antemão, para seguir com a normalização.
Para discutir essa questão, vou investir na ação.
Por meio de uma universalização, se percebe uma demarcação.
Significados são tantos, mas chegam aos mesmos cantos,
Diferenciando uns tantos, conduzindo a recantos.
São tantos apontamentos a fazer. E assim vou conceber.
Só sei que tenho que ter conhecimento e saber.
Do dicionário aos autores, são tantos contos de atores
Que registram as suas dores pelas mãos de colonizadores.
Cuidado com a inclusão na lógica da salvação,
Pois tem, em sua ação, uma intenção de redução.
Monstros, estranhos e diferentes foram os nomes dessa gente.
Nessa lógica excludente, reforçada no presente.
Incluir para excluir, é assim o conduzir.
Com interesse de produzir um sujeito a reduzir.
A constituição da exclusão é maior que uma nação,
Reforçando a competição por uma escola na contramão.
Traduzir a diferença não é equalizar com paciência,
Nem capturar com reverência os indivíduos com gerência.

O poder e o saber de Foucault vou tecer
Para poder estabelecer o entendimento desse ser.
Diferença não rima com Igualdade. O que podemos, de verdade,
É respeitar a singularidade com direito à equidade.
Fazendo jus à condição de uma acessibiliz(ação),
Judith Butler de antemão ajudou na argumentação,
Pois, entre a precariedade e o enquadramento, a norma dita o reconhecimento.
Daí a acessibilidade garantir o movimento para outros provimentos.
Assim, um espaço acessível, é possível!
Tendo uma política cabível e um design não divisível.
A questão universal ultrapassa o individual,
Não podendo limitar o tal pela lógica neoliberal.
A potência da diferença das políticas públicas potencializa subjetivações múltiplas.
Que, entre resistências e condutas, se configuram em contracondutas.
No contrafluxo da condução, eis um decreto em ação
Que promove a exclusão como direito e libertação.
É importante refletir, afirmar-se e resistir
Para a luta não regredir ao desejo de sucumbir
Foi assim que consegui essa obra produzir.
E assim, poder contribuir como o seu incluir.
Acessibilize-se!

Varder Braga

PREFÁCIO

SOBRE A ARTE DE PERGUNTAR

O convite para prefaciar uma obra é sempre um gesto de abertura ao outro. Uma abertura ao diálogo, um convite para o pensamento. O próprio ato de escrever implica arriscar-se. Afinal, como provoca Deleuze (2006, p. 18), em Diferença e Repetição, "como escrever senão sobre aquilo que não se sabe ou que se sabe mal? É necessariamente neste ponto que imaginamos ter algo a dizer. Só escrevemos na extremidade de nosso próprio saber, nesta ponta extrema que separa nosso saber e nossa ignorância e que transforma um no outro".

Desta forma, o autor, fonoaudiólogo de formação, técnico em uma universidade federal situada no Nordeste do país, escreve sobre inclusão e acessibilidade no ensino superior. Ao fazer isto, coloca em suspenso as certezas e o senso comum, utilizando-se de um instrumental teórico-metodológico foucaultiano. Para tanto, problematiza a própria inclusão, desnaturalizando-a e tomando-a como um discurso de nosso tempo, que tem determinados efeitos sobre as formas de ver, compreender e estar no mundo. Deleuze (2006), ao discorrer sobre o pensamento, assinala que ele não serve para confortar ou trazer harmonia, mas para desacomodar, violentar, (re)torcer e trazer embaraços, sendo que um pensamento para nada serve se não fizer mal àquele que pensa ou aos outros. Nesta direção, ao escrever sobre as questões que lhe ocupam como um profissional que trabalha com inclusão no ensino superior, o autor se propõe a um exercício de pensamento que também o transforma, estabelecendo uma necessidade absoluta do pensar sobre aquilo que, em geral, se tem como pacífico e já dado.

As políticas de inclusão nos desafiam de diferentes maneiras e, como o autor discute em seu livro, o crescente aumento de matrículas de pessoas com deficiência nas universidades é um dos efeitos das diferentes lutas, discussões e documentos legais que têm pautado a educação inclusiva no país a partir do final do século XX e, com mais força, no início do século XXI. Nesta perspectiva, é fundamental que se possa interrogar as condições de acesso e permanência desta população, não no sentido de encontrar soluções prontas e definitivas, mas compreendendo que a própria educação superior – historicamente elitista e capacitista – é demandada a sair transformada deste encontro.

Assim, o livro não propõe, como seria talvez o esperado, adaptar ambientes, didáticas ou técnicas de avaliação, mas discute o próprio binômio normal/anormal, o qual hierarquiza corpos a partir de determinados parâmetros. Também atenta para os riscos do tempo presente, ou seja, como um acirramento das lógicas neoliberais, com um contorno conservador/fascista, atualiza, mediante a ideia da liberdade individual, a própria exclusão como um direito (como pode ser visto por ocasião da promulgação do Decreto nº 10.502/2020, no governo de Jair Bolsonaro, que foi revogado pelo presidente Lula em 01 de janeiro de 2023, e que, entre outras questões, alegando um melhor atendimento e direito de escolha dos indivíduos, possibilitava a segregação de estudantes com deficiências a determinados espaços ou serviços).

Portanto, como apontado anteriormente, o autor escreve na extremidade do saber, não nos dando respostas – o que fazer diante das políticas de inclusão? –, mas criando perguntas. Aqui, o gesto de abertura se amplia, convidando os leitores a perguntar com ele, compreendendo que a pergunta não se confunde com a resposta, mas sempre insiste e se multiplica em novas perguntas, exigindo que nos interroguemos constantemente. Que possamos, assim, junto com o autor, abalar nossas pretensas verdades, forçando nosso pensamento a fazer outras perguntas sobre a inclusão.

Professora Doutora Betina Hillesheim
Departamento de Psicologia e dos Programas de Pós-Graduação em Educação e Mestrado Profissional de Psicologia da Universidade de Santa Cruz do Sul

Referências

DELEUZE, Gilles. **Diferença e Repetição.** 2. ed. Rio de Janeiro: Graal, 2006.

LISTA DE ABREVIATURAS E SIGLAS

ABNT Associação Brasileira de Normas Técnicas
AEE Atendimento Educacional Especializado
BDTD Biblioteca Digital Brasileira de Teses e Dissertações
Capes Coordenação de Aperfeiçoamento de Pessoal de Nível Superior
Contran Conselho Nacional de Trânsito
Corde Coordenadoria para a Integração da Pessoa Portadora de Deficiência
CCJ Comissão de Constituição e Justiça e de Cidadania da Câmara dos Deputados
DUDH Declaração dos Direitos Humanos Universais
EaD Educação a Distância
Enem Exame Nacional do Ensino Médio
Esam Escola Superior de Agronomia
FHC Fernando Henrique Cardoso
Fies Fundo de Financiamento ao Estudante do Ensino Superior
Fundeb Fundo de Manutenção e Desenvolvimento da Educação Básica
IBGE Instituto Brasileiro de Geografia e Estatística
IDH Índice de Desenvolvimento Humano
IES Instituições de Ensino Superior
Ifes Instituições Federais de Ensino Superior
Inep Instituto Nacional de Estudos e Pesquisas Educacionais Anísio Teixeira
LBI Lei Brasileira de Inclusão da Pessoa com Deficiência
LDB Lei de Diretrizes e Bases
MEC Ministério da Educação
NeaD Núcleo de Educação a Distância

NBR	Norma brasileira
ONU	Organização das Nações Unidas
PCNs	Parâmetros Curriculares Nacionais
PET	Programa de Educação Tutorial
Pibid	Programa Institucional de Bolsas de Iniciação à Docência
Pnaes	Programa Nacional de Assistência Estudantil
PNE	Plano Nacional de Educação
Proext	Programa de Extensão Universitária
Prouni	Programa Universidade para Todos
Renafor	Rede Nacional de Formação Continuada de Professores na Educação Básica
Reuni	Programa de Apoio a Planos de Reestruturação e Expansão das Universidades Federais
SEB	Secretaria de Educação Básica
Secad	Secretaria de Educação Continuada, Alfabetização e Diversidade
Secadi	Secretaria de Educação Continuada, Alfabetização, Diversidade e Inclusão
Sesu	Secretaria de Educação Superior
SisFor	Sistema Nacional de bolsa-formação
Sigaa	Sistema Integrado de Gestão de Atividades Acadêmica
Sinaes	Sistema Nacional de Avaliação do Ensino Superior
UAB	Universidade Aberta do Brasil
Ufersa	Universidade Federal Rural do Semi-Árido

SUMÁRIO

INTRODUÇÃO...........23

CAPÍTULO 1
A DEFICIÊNCIA ATRAVÉS DOS TEMPOS:
DA EXCLUSÃO À INCLUSÃO...........37

CAPÍTULO 2
O DIREITO DAS PESSOAS COM DEFICIÊNCIA À EDUCAÇÃO...........55

CAPÍTULO 3
UMA ANÁLISE DA PRODUÇÃO CIENTÍFICA E LEGAL
SOBRE A ACESSIBILIDADE DAS PESSOAS COM DEFICIÊNCIA
NO ENSINO SUPERIOR...........71

CAPÍTULO 4
ACESSIBILIDADE UNIVERSAL:
CONCEITOS, PERSPECTIVAS E POSSIBILIDADES...........89

CAPÍTULO 5
TENTATIVAS DE ESVAZIAMENTO
DO IMPERATIVO DA INCLUSÃO...........105

CAPÍTULO 6
FORMAÇÃO CONTINUADA NA PERSPECTIVA
DA EDUCAÇÃO INCLUSIVA...........121

INTRODUÇÃO

Essa obra apresenta um pensamento numa perspectiva pós-crítica em Educação, pois procura contribuir com outras críticas naquilo que já foi significado no campo da Educação das pessoas com deficiência, buscando multiplicar outras formas de existência. Foucault (2004, p. 296), em suas análises, era "contra a ideia de necessidades universais na existência humana. Elas mostram a arbitrariedade e qual espaço de liberdade podemos ainda desfrutar e como muitas mudanças podem ainda ser feitas". Nessa perspectiva, a hipótese de Butler (2018, p. 51) colabora com essa reflexão quando diz que "modos de reconhecer e mostrar certas formas de interdependência têm a possibilidade de transformar o próprio campo do aparecimento". Daí a necessidade de chamar a atenção para pontos dissidentes, como forma de resistência a determinadas questões impostas, o que Butler (2018) chamaria de "performatividade política"[1].

Assinala-se que, partir dos anos de 1990, a inclusão assume protagonismo em discussões no campo educacional no que tange ao acesso e à acessibilidade de grupos excluídos/segregados, propondo-se mudanças estruturais e culturais que contemplem todos os alunos na superação da lógica da exclusão. Nessa perspectiva, o Ministério da Educação, por meio da Secretaria de Educação Especial, cria a Política Nacional de Educação Especial na Perspectiva da Educação Inclusiva. De acordo com a Política Nacional de Educação Especial na Perspectiva da Educação Inclusiva Brasil (2008, p. 1),

---

[1] A ideia de performatividade política envolve a compreensão de um excedente constitutivo da noção de povo que nunca é completamente preenchido (BUTLER, 2018). A circulação ou a manifestação de determinados grupos configura-se performaticamente, por promover o aparecimento dos corpos nos espaços públicos, provocando o questionamento sobre o que é "povo" e produzindo uma reconfiguração da demarcação do "nós", subjetivamente estabelecido. Para Butler (2018, p. 92), "o corpo é uma precondição de qualquer ato de protesto político". Daí não ser entendido como mero instrumento de ação política, sendo um lugar de resistência e de possibilidade por performar significados políticos de luta na conquista de direitos frente à sua precarização.

A educação inclusiva constitui um paradigma educacional fundamentado na concepção de direitos humanos, que conjuga igualdade e diferença como valores indissociáveis e que avança em relação à ideia de equidade formal ao contextualizar as circunstâncias históricas da produção da exclusão dentro e fora da escola.

Dessa forma, esta obra vem discutir a temática das políticas de inclusão na Educação e articular discussões sobre acessibilidade e suas formas de governamento. Para tanto, serão utilizados conceitos desenvolvidos por Michel Foucault, como governamentalidade, biopolítica, normalização e dispositivos de segurança, para colocar em evidência possibilidades de entendimento de como as transformações sociais das últimas décadas, pautadas em uma lógica neoliberal, têm constituído os sujeitos em um processo contínuo de in/exclusão. Lançar mão de tais ferramentas analíticas possibilita pensar uma série de iniciativas de cunho educacional cujo foco são os sujeitos, em um registro que se afasta dos modos usuais pelos quais tais iniciativas vêm sendo tratadas em análises apoiadas em influentes perspectivas teóricas no campo das Ciências Humanas.

Nesse sentido, supõe-se novas formas de problematizar o campo da Educação Inclusiva para ressignificar, sobretudo, as relações entre esse campo e as formas de exercício do poder. Isso implica compreender como uma racionalidade política – o neoliberalismo – se tornou uma matriz de inteligibilidade para pensarmos em práticas educativas e inclusivas voltadas para a produção dos sujeitos diante de (re)configurações de imperativos do nosso tempo.

Em *O nascimento da biopolítica*, Foucault (2008) discute o liberalismo e o neoliberalismo. No que tange ao neoliberalismo, o autor o entende como possibilidade de agir livremente no mercado ou nas escolhas de consumo, isso em um Estado de interferência mínima nos processos econômicos, porém, com intervenções sociais, com vistas a produzir sujeitos que possam gerir suas vidas como uma empresa. A concorrência torna-se, então, a principal característica de conduta de vida, independentemente de políticas sociais, pois o que interessa é incluir todos nesse pensamento, mesmo que em patamares diferentes de inclusão.

Foucault (2008) faz com que entendamos essa liberdade produzida pelo neoliberalismo como uma liberdade regulada e normalizada, e o sujeito deve ser governável por meio dela. Daí compreendermos o neoliberalismo como um modo de vida, como *ethos*, como maneira de ser e estar no mundo, tendo a educação um lugar central a partir da produção de sujeitos capazes de viver nessa lógica concorrencial. Dessa forma, o neoliberalismo configura-se como uma entidade mutável de características próprias que vai se moldando conforme os acontecimentos do contexto histórico do presente, pois está imbricado na dinâmica social.

Na perspectiva de que todos têm que estar incluídos e fazer parte do jogo neoliberal, as políticas de inclusão vêm se configurando como produtoras de liberdade, tornando-se um dispositivo estratégico na governamentalidade neoliberal e podendo modular sua potência de inclusão nas políticas públicas de acordo com os projetos de governo. Segundo Saraiva e Lopes (2011, p. 19-20),

> O atual investimento do Estado neoliberal privilegia outros investimentos diferentes daqueles do Estado de bem-estar: aumentar a circulação de pessoas, multiplicar a vigilância de uns sobre os outros, transformar cada indivíduo da população em um parceiro que o Estado pode contar nos processos de inclusão. Todos devem se responsabilizar pela inclusão.

Esta obra tem como objetivo problematizar as estratégias de governamento de pessoas com deficiência na educação, especificamente no que se refere à inclusão. Para tanto, utiliza-se como ferramenta de análise o conceito de in/exclusão[2], pois se compreende que as políticas públicas de inclusão cristalizam marcadores de diferenças entre os sujeitos no ambiente educacional que, ao mesmo tempo em que incluem, demarcam determinadas posições de sujeito e limitam suas possibilidades e direitos.

A concepção de diferença[3] neste estudo vê na acessibilidade uma ferramenta que possibilita e produz sentidos, remetendo-os à diferença, e não à identidade. Pensar acessibilidade, diferença e políticas públicas deixa-nos atentos aos discursos e ajuda-nos a problematizar questões na produção de conhecimento em inclusão e, principalmente, colocar em análise práticas sociais quanto às transformações de si e do outro em relação aos processos de in/exclusão.

No que tange à inclusão, vale mencionar que a Educação Superior vem atravessando um momento histórico-social semelhante ao enfrentado pela Educação Básica da rede pública de ensino no início dos anos 2000, mas com uma diferença: o aluno já chega pronto em termos de autonomia educacional, enquanto que, na Educação Básica, ele deve adquiri-la, necessitando de uma

---

[2] Segundo Veiga-Neto e Lopes (2011), grafar *in/exclusão* aponta para o fato de que as atuais formas de inclusão e de exclusão caracterizam um modo contemporâneo de operação que não opõe a inclusão à exclusão, mas as articula de tal forma que uma só opera na relação com a outra e por meio do sujeito, de sua subjetividade. *In/exclusão* foi a expressão criada para marcar as peculiaridades de nosso tempo, ou seja, para "atender à provisoriedade determinada pelas relações pautadas pelo mercado e por um Estado neoliberal desde a perspectiva do mercado" (LOPES *et al.*, 2010, p. 6). Dessa forma marcadamente relacional, a in/exclusão caracteriza-se pela presença de todos nós mesmos espaços físicos e pelo convencimento dos indivíduos de suas incapacidades e/ou capacidades limitadas de entendimento, participação e promoção social, educacional e laboral.

[3] Diversidade e diferença não são coisas iguais, nem mesmo próximas, apesar de que temos usado as palavras de maneira indiferenciada nos últimos tempos. Existem diferentes noções e concepções de diversidade e diferença. Abramowicz, Rodrigues e Cruz (2011, p. 91) dividem essas noções em três linhas: a primeira trata as diferenças e/ou diversidades como contradições que podem ser apaziguadas, e a tolerância seria uma das muitas outras formas de apaziguamento, de repactuação, sem esgarçar o tecido social, sendo sintetizadas pelo multiculturalismo. A segunda vertente, denominada liberal ou neoliberal, usa a palavra *diferença* ou *diversidade* como estratégia de ampliação das fronteiras do capital, pela maneira com que comercializa territórios de existência e formas de vida, a partir de uma maquinaria de produção de subjetividades. Por fim, há a perspectiva que enfatiza as diferenças como produtoras de diferenças, as quais não podem apaziguar-se, já que não se trata de contradições.

educação especializada mais assistencial. Porém, enquanto na Educação Básica se justifica a presença de alguns alunos na escola, como alunos que não se constituem como alvos das práticas curriculares e cujas presenças nesses espaços estão naturalizadas pelo argumento da socialização, na Educação Superior, dado seu cunho profissionalizante, essa naturalização não tem encontrado amparo legal e moral, afirmando-se de maneira mais inflexível e produzindo limitações de acesso a determinados cursos e conteúdos.

Na década de 1990, o Brasil foi marcado por uma agenda de reformas sob inspiração neoliberal, as quais se situaram em duas frentes: uma de ajuste estrutural e outra de redemocratização, ambas complementares e conflitantes entre si. O Banco Mundial (1995, p. 4) apresenta como orientações para a reforma educacional:

> Fomentar maior diferenciação das instituições, incluindo o desenvolvimento de instituições privadas; proporcionar incentivos para que as instituições públicas diversifiquem as fontes de financiamento, por exemplo, a participação dos estudantes nos gastos e a estreita vinculação entre o financiamento fiscal e os resultados; redefinir a função do governo no Ensino Superior; dotar políticas que priorizem a qualidade e a equidade. (BANCO MUNDIAL, 1995, p. 4, tradução minha).

O acesso à Educação Superior foi favorecido por uma série de iniciativas institucionais e programas governamentais advindos de políticas públicas, como: o Programa de Apoio a Planos de Reestruturação e Expansão das Universidades Federais (Reuni) (2007), o Programa Universidade para Todos (Prouni) (2004), o Fundo de Financiamento ao Estudante do Ensino Superior (Fies) (2010a) e a Universidade Aberta do Brasil (UAB) (2006). As mudanças sofridas nesse acesso são produtos dessas políticas no que concerne à expansão, democratização e implementação do Ensino Superior nas últimas décadas, modificando o perfil dos universitários no Brasil, com o aumento do número de instituições, modalidades de ensino, vagas ofertadas pelos setores públicos e privados e a política de cotas, que favoreceu uma diversidade de estudantes de setores socioeconômicos distintos. De acordo com o Censo de Educação Superior (Inep) (2019), de 2009 a 2019, a matrícula na Educação Superior aumentou 43,7% (graduação e sequencial). Houve um aumento de 3.633.320 no número de ingressos na graduação do país, sendo que 3.077.027 (84,6%) dessas vagas foram destinadas às Instituições de Ensino Superior (IES) privadas (BRASIL, 2019).

Especificamente no caso de pessoas com deficiência, o Censo de 2010 do Instituto Brasileiro de Geografia e Estatística (IBGE) retrata que, aproximadamente, 45,6 milhões de pessoas, ou 23,9% da população total do Brasil, apresentam pelo menos um tipo de deficiência. A região nordeste, alvo desta pesquisa, concentra o maior percentual (26,6%) de pessoas com pelo menos uma das deficiências investigadas. Das pessoas que se declararam com alguma deficiência, cerca de 35,7 milhões indicaram possuir deficiência visual; 13,2 milhões, deficiência motora; 9,7 milhões, deficiência auditiva; e 2,6 milhões, deficiência mental. É possível uma pessoa indicar mais de um tipo de deficiência (BRASIL, 2010b).

A Lei Brasileira de Inclusão (LBI) da Pessoa com Deficiência, também conhecida como Estatuto da Pessoa com Deficiência, traz no seu art. 2º a definição de pessoa com deficiência:

> [...] aquela que tem impedimento de longo prazo de natureza física, mental, intelectual ou sensorial, o qual, em interação com uma ou mais barreiras, pode obstruir sua participação plena e efetiva na sociedade em igualdade de condições com as demais pessoas (BRASIL, 2015).

As deficiências contempladas por lei com o atendimento educacional especializado na rede pública de ensino e nas vagas ofertadas pelas universidades públicas federais, desde que os alunos com deficiência tenham cursado o Ensino Médio em escolas públicas e/ou apresentem renda familiar bruta mensal per capita igual ou inferior a um salário mínimo e meio, e/ou sejam candidatos autodeclarados como pretos, pardos e indígenas, são: deficiência física, deficiência auditiva, deficiência visual, deficiência intelectual, deficiências múltiplas e transtornos do espectro autista (BRASIL, 2009 e 2016).

Quanto à escolaridade da população com e sem deficiência, observa-se uma diferença nos percentuais em relação ao Ensino Superior. Enquanto o percentual da população brasileira de 18 anos ou mais sem deficiência com Ensino Superior incompleto ou médio completo foi de 37,2%, para aqueles com deficiência, foi de 16,6%. A diferença é menor quando se trata do Ensino Superior completo: 5% para a população de 18 anos ou mais com deficiência e 17% para a população sem deficiência. Isso nos leva a constatar que o acesso das pessoas com deficiência ao Ensino Superior e sua permanência apresentam alguns entraves (BRASIL, 2021). Vale ressaltar que a região nordeste tem os menores índices de conclusão do Ensino Superior (4,0%) por pessoas com deficiência, apesar de ser a região com maior concentração de deficientes (BRASIL, 2010b).

Segundo o Censo da Educação Superior, houve um aumento no número de matrículas dos estudantes com deficiência nesse nível de ensino em meados da década de 2000. Esse fato é atribuído a um aumento no número de vagas de alunos com deficiência no Ensino Superior, predominantemente na rede privada de ensino, possivelmente, reflexo das iniciativas governamentais para a expansão do Ensino Superior (BRASIL, 2013).

Essa amostra gradativa de ingresso de estudantes com deficiência nesse nível educacional contrasta, aparentemente, com práticas discriminatórias e uma cultura seletiva e elitista. Essa amostra ainda é incipiente, principalmente nas instituições públicas, e só começa a tomar corpo a partir do ano de 2016, com a Lei 13.409/2016, que dispõe sobre a reserva de vagas para pessoas com deficiência nos cursos técnicos de nível médio e nos cursos superiores das instituições federais de ensino.

A despeito da perspectiva de evolução crescente do número de matrículas de pessoas com deficiência no Ensino Superior, é importante pontuar que não basta estar nas universidades; é preciso uma evolução qualitativa e gratuita que proporcione o acesso, a permanência e a participação plena na vida acadêmica e social. Os dados do Censo Demográfico de 2010 registram o número de 3.014.720 de pessoas entre 18 e 24 anos com pelo menos uma das deficiências investigadas no Brasil, faixa etária propícia para os cursos do Ensino Superior (BRASIL, 2010b).

Segundo o Inep, no Censo da Educação Superior de 2019, o número de matrículas em cursos de graduação de alunos com deficiência, transtornos globais do desenvolvimento ou altas habilidades/superdotação no Brasil, no período de 2009-2019, passou de 20.530 para 48.520 matriculados. Porém, esse percentual em relação ao total de matrículas em cursos de graduação no geral corresponde a apenas 0,56% (BRASIL, 2019).

A inclusão surge como estratégia para diminuir a situação de exclusão escolar e social, enfatizando os direitos e as oportunidades das pessoas com deficiência em todos os espaços da sociedade, mediante um desenho universal de acessibilidade, atendendo a uma matriz de inteligibilidade do mercado. Nas últimas décadas, o acesso à Educação Superior para todos constituiu-se a partir de uma política de cunho social, da qual as pessoas com deficiência e os que legislam sobre o direito básico desse acesso têm sido os principais entusiastas. Isso gerou vários avanços e conquistas, sendo um deles a Lei nº 13.409/2016, que altera a Lei 12.711/2012, para dispor sobre a reserva de vagas para pessoas com deficiência nos cursos técnicos de nível médio e nos cursos superiores das instituições federais de ensino (BRASIL, 2016).

De acordo com a Política Nacional de Educação Especial na Perspectiva da Educação Inclusiva (BRASIL, 2008, p. 1), "o movimento mundial pela inclusão é uma ação política, cultural, social e pedagógica, desencadeada em defesa do direito de todos os alunos de estarem juntos, aprendendo e participando, sem nenhum tipo de discriminação". Esta obra debruça-se sobre as políticas que constituem os sujeitos na atualidade, por entender-se que a subjetividade dos sujeitos deriva de governamentos de condução de condutas de si e dos outros. Além disso, aponta-se a importância da participação dos movimentos sociais no que se refere a questões de resistência e conquistas em termos de direitos, bem como na participação social de grupos historicamente excluídos, não desconsiderando o empenho das pessoas com deficiência, seus familiares, estudiosos e ativistas na causa.

Observou-se um incentivo às reformas no setor financeiro e administrativo das instituições de Ensino Superior, com o intuito de proporcionar mais equidade, eficiência e qualidade, implementando-se ações para definir os marcos legais de acesso à Educação Superior. Entender a constituição do sujeito com deficiência e o ocorrido no país nas últimas décadas do século XX faz-se necessário para uma análise crítica e posterior problematização de certas questões, como, por exemplo, o modo como o processo de in/exclusão das pessoas com deficiência na educação se constitui no presente. Cabe apontar que as políticas vêm perdendo forças na atualidade devido a projetos políticos autoritários, produzindo uma mudança na sua configuração.

Ao analisar o desdobramento que tomou o processo de inclusão no Brasil, Lockmann aponta que:

> Vastas parcelas da população brasileira parecem não se constituírem em foco privilegiado das ações e políticas de governo. A governamentalidade neoliberal conservadora, como podemos nomear essa nova face do neoliberalismo brasileiro, mantém como princípio a inclusão de certos grupos da população, mas não de todos. A intolerância religiosa, a imposição de um modelo de família, a exclusão das discussões de gênero e sexualidade e até mesmo, projetos de lei como educação domiciliar demonstram essa nova face da exclusão, que reaparece e se reconfigura no cenário contem-

porâneo, como uma estratégia de governamento direcionada a determinados grupos (2020a, p. 71).

À medida que as políticas conservadoras avançam, o neoliberalismo conservador impera por meio de um autoritarismo disfarçado de democracia, utilizando-se de práticas divisórias e normalizadas que diminuem cada vez mais a potência dos direitos e da cidadania de todos. Com isso, observa-se uma tentativa de desmonte nas políticas afirmativas que vinham sendo constituídas, o que produz maior precarização em determinados grupos de sujeitos.

A partir desse pano de fundo, a questão central desta obra é: como se dá a inclusão das pessoas com deficiência na Educação diante das estratégias de governamento e processos de in/exclusão? Para responder essa questão, e sob a luz das teorias pós-críticas em Educação, procura-se tensionar relações de poder e modos de subjetivação dos sujeitos por uma governamentalidade que procura constituir resultados desejados para atender a determinados interesses.

Para isso, essa obra se desenvolve em seis capítulos: o primeiro, *Deficiência através dos tempos: da exclusão à inclusão*, trazendo o entendimento de conceitos importantes que nortearão toda a obra, além de apontar deslocamentos na esfera social e política através dos tempos que contribuíram para a constituição das pessoas com deficiência como sujeitos de direitos. O segundo, *O direito das pessoas com deficiência à educação*, como o próprio título revela vem abordar concepções políticas, sociais e econômicas nos espaços educacionais ocupados por esses sujeitos, além de apresentar uma contextualização das políticas públicas da Educação Inclusiva, pontuando marcos legais nacionais e internacionais da educação.

No terceiro capítulo, *Uma análise da produção científica e legal sobre a acessibilidade das pessoas com deficiência no ensino superior*, se volta mais a Educação Superior numa tentativa de contribuir com as pesquisas nesse âmbito no que concerne à acessibilidade suas nomenclaturas, contornos e dispositivos legais. Já o quarto capítulo, *Acessibilidade Universal: conceitos, perspectivas e possibilidades*, além de ser uma seção bastante informativa, provoca reflexões e outros entendimentos sobre a acessibilidade.

O penúltimo capítulo, *Tentativas de esvaziamento do imperativo da inclusão* discorre sobre as políticas de inclusão empreendidas dentro de uma governamentalidade e suas práticas tecendo uma crítica uma crítica aos imperativos dos nossos tempos. E o último capítulo, *Formação Continuada em Educação Inclusiva e a prática baseada em evidências*, além contribuir com a formação de professores na perspectiva da Educação Inclusiva, visa mostrar as concepções e interesses nessa área, demonstrando a importância da pesquisa junto ao fazer docente.

Referências

ABRAMOWICZ, Anete; RODRIGUES, Tatiane Cosentino; CRUZ, Ana Cristina Juvenal da. A diferença e a diversidade na educação. **Revista Contemporânea**, n. 2, p. 85-97, jul./dez. 2011.

BANCO MUNDIAL. **La enseñanza superior**: las lecciones derivadas de la experiência, Washington, DC, 1995.

BRASIL. Presidência da República. Decreto nº 5.245, de 15 de outubro de 2004. Regulamenta a Medida Provisória no 213, de 10 de setembro de 2004, que institui o Programa Universidade para Todos - PROUNI, regula a atuação de entidades beneficentes de assistência social no Ensino Superior, e dá outras providências. **Diário Oficial da União**. Brasília, 2004. Disponível em: https://www.planalto.gov.br/ccivil_03/_Ato2004-2006/2004/Decreto/D5245.htm. Acesso em: 10 abr. 2019.

BRASIL. Presidência da República. Decreto nº 5.800, de 8 de junho de 2006. Dispõe sobre o Sistema Universidade Aberta do Brasil – UAB. **Diário Oficial da União**. Brasília, DF, 2006. Disponível em: http://www.planalto.gov.br/ccivil_03/_ato2004-2006/2006/decreto/d5800.htm. Acesso em: 12 set. 2021.

BRASIL. Presidência da República. Decreto nº 6.096, de 24 de abril de 2007. Institui o Programa de Apoio a Planos de Reestruturação e Expansão das Universidades Federais – REUNI. **Diário Oficial da União**. Brasília, 2007. Disponível em: http://www.planalto.gov.br/ccivil_03/_ato2007-2010/2007/decreto/d6096.htm. Acesso em: 25 jun. 2019.

BRASIL. Ministério da Educação. Secretaria de Educação Especial. **Política Nacional de Educação Especial na Perspectiva da Educação Inclusiva**. Brasília, DF: SEESP, 2008. Disponível em: http://portal.mec.gov.br/arquivos/pdf/politicaeducespecial.pdf. Acesso em: 11 mar. 2021.

BRASIL. Ministério da Educação. Conselho Nacional de Educação. Câmara de Educação Básica. Resolução nº 4, de 2 de outubro de 2009. Institui Diretrizes Operacionais para atendimento Educacional Especializado na Educação Básica, modalidade Educação Especial. **Diário Oficial da União**. Brasília, 2009. Disponível em: http://portal.mec.gov.br/dmdocuments/rceb004_09.pdf. Acesso em: 25 fev. 2019.

BRASIL. Ministério da Educação. Portaria nº 10, de 30 de abril de 2010. Dispõe sobre procedimentos para inscrição e contratação de financiamento estudantil a ser concedido pelo Fundo de Financiamento ao Estudante do Ensino Superior (FIES). **Diário Oficial da União**. Brasília, 2010a. Disponível em: http://sisfiesportal.mec.gov.br/arquivos/portaria_normativa_n10_30042010.pdf. Acesso em: 19 mar. 2021.

BRASIL. Ministério do Planejamento, Orçamento e Gestão. Instituto Brasileiro de Geografia e Estatística. **Censo Demográfico**: Características gerais da população, religião e pessoas com deficiência. Brasília, 2010b. Disponível em: http://biblioteca.ibge.gov.br/visualizacao/periodicos/94/cd_2010_religiao_deficiencia.pdf. Acesso em: 10 maio 2019.

BRASIL. Ministério da Educação. Instituto Nacional de Estudos e Pesquisas Educacionais Anísio Teixeira. **Censo da Educação Superior**. Brasília, 2013a. Disponível em:http://inep.gov.br/informacaodapublicacao//asset_publisher/6JYIsGMAMkW1/document/id/493780. Acesso em: 10 abr. 2019.

BRASIL. Presidência da República. Lei nº 13.146, de 6 de julho de 2015. Institui a Lei Brasileira de Inclusão da Pessoa com Deficiência (Estatuto da Pessoa com Deficiência). **Diário Oficial da União**. Brasília, 2015. Disponível em: http://www.planalto.gov.br/ccivil_03/_ato2015-2018/2015/lei/l13146.htm. Acesso em: 11 mar. 2021.

BRASIL. Presidência da República. Lei nº 13.409, de 28 de dezembro de 2016. Altera a Lei nº 12.711, de 29 de agosto de 2012, para dispor sobre a reserva de vagas para pessoas com deficiência nos cursos técnicos de nível médio e superior das instituições federais de ensino. **Diário Oficial da União**. Brasília, 2016. Disponível em: https://www2.camara.leg.br/legin/fed/lei/2016/lei-13409-28-dezembro-2016-784149-publicacaooriginal-151756-pl.html. Acesso em: 10 mar. 2021.

BRASIL. Ministério da Educação. Instituto Nacional de Estudos e Pesquisas Educacionais Anísio Teixeira. **Censo da Educação Superior**. Brasília, 2019. Disponível em: https://download.inep.gov.br/educacao_superior/censo_superior/documentos/2020/Apresentacao_Censo_da_Educacao_Superior_2019.pdf. Acesso em: 31 mar. 2022.

BRASIL. Ministério do Planejamento, Orçamento e Gestão. Instituto Brasileiro de Geografia e Estatística. **Censo Demográfico**: Características gerais da população, religião e pessoas com deficiência. Brasília, 2021a. Disponível em: https://censos.ibge.gov.br/2013-agencia-de-noticias/releases/31445-pns-2019-pais-tem-17-3-milhoes-de-pessoas-com-algum-tipo-de-deficiencia.html. Acesso em: 4 set. 2022.

BUTLER, Judith. **Corpos em aliança e a política das ruas**: notas para uma teoria performativa em assembleia. Trad. MIGUENS, Fernanda Siqueira. Rio de Janeiro: Civilização Brasileira, 2018.

FOUCAULT, Michel. **Uma entrevista**: sexo, poder e a política da identidade. **Verve**, v. 5, p. 260-277, 2004.

FOUCAULT, Michel. **O Nascimento da Biopolítica**. São Paulo: Martins Fontes, 2008.

LOCKMANN, Kamila. As reconfigurações do imperativo da inclusão no contexto de uma governamentalidade neoliberal conservadora. **Pedagogia y saberes**, n. 52, p. 67-75, 2020.

SARAIVA, Karla; LOPES, Maura Corcini. Educação, inclusão e reclusão. **Currículo sem Fronteiras**, v.11, n.1, p. 14-33, jan/jun, 2011.

VEIGA-NETO, Alfredo; LOPES, Maura Corcini. Inclusão, exclusão, in/exclusão. **Verve**, n. 20, p. 121-135, 2011.

CAPÍTULO 1

A DEFICIÊNCIA ATRAVÉS DOS TEMPOS: DA EXCLUSÃO À INCLUSÃO

Para entender como se constituem as formas de compreender a inclusão das pessoas com deficiência, é necessário investigar concepções políticas, sociais, econômicas e culturais dos espaços ocupados por esses sujeitos, especificamente, no âmbito educacional. Dessa forma, começo apontando o deslocamento que ocorreu na esfera social e política entre os séculos XVIII e XIX, principalmente, no que se refere à concepção de poder, de acordo com Foucault (1999), para compreendermos a constituição das pessoas com deficiência como sujeitos.

Para o filósofo (1978), com a constituição dos Estados Nação, há uma mudança nas formas de exercício de poder – de um poder soberano, que age por coerção e subtração de bens e forças, a um poder que investe na vida, agindo tanto sobre o corpo do indivíduo (uma anatomopolítica, mediante um poder disciplinar), quanto sobre a população (uma biopolítica). O rei, com seu poder soberano, marca sua força nos suplícios, cerimônias que expõem o corpo supliciado do inimigo vencido. Porém, a tirania do soberano e seus excessos de poder com a população, atreladas a questões econômicas, demográficas e de segurança, fazem com que esse poder absoluto se institucionalize na figura de Estado. Este, por sua vez, passa a exercer seu poder não mais sobre os indivíduos, deixando neles sua marca, mas sobre um corpo social, emitindo seus sinais nos espaços sociais por meio de representações e qualificando os indivíduos como sujeitos de direito. Assim, cria-se um aparelho administrativo que gera comportamentos a partir do exercício de coerção, o que resulta em corpos treinados (FOUCAULT, 1999).

Nessa nova concepção de sociedade, o governo da população é feito por dispositivos que produzem e regulam os costumes, os hábitos e as práticas produtivas, colocando a sociedade para funcionar mediante regras e mecanismos de inclusão e/ou exclusão nas instituições disciplinares, como: escolas, asilos, hospitais, prisões, etc. De acordo com Hardt e Negri (2001, p. 42), "o poder disciplinar se manifesta, com efeito, na estruturação de parâmetros e limites do pensamento e da prática, sancionando e preservando comportamentos normais e/ou desviados".

Um fato que merece nossa atenção, mencionado na obra Vigiar e punir, de Foucault (1999), é a mudança de conduta na arte de governar os sujeitos. Quando as pessoas foram acometidas pela peste, passaram a ser incluídas e tratadas no espaço social, ao contrário do que aconteceu com os leprosos, que foram excluídos, desqualificados, banidos do convívio social por um poder punitivo. O governo, que agora controla o espaço social, busca conhecer a doença para vigiar melhor por meio dos dados colhidos. Podemos observar aí o nascimento do biopoder, conceito que designa as práticas voltadas à gestão e regulação dos processos biológicos dos sujeitos. O poder passa a administrar as populações, visando ao controle de fenômenos, como contingente populacional e espaços urbanos, epidemias e organização liberal da economia. Para Foucault (2008b, p. 3), o biopoder é "o conjunto dos mecanismos pelos quais aquilo que, na espécie humana, constitui suas características biológicas fundamentais, vai poder entrar numa política, numa estratégia política, numa estratégia geral do poder".

Não é meu objetivo discutir uma vez mais o nascimento do biopoder narrado por Michel Foucault, posto que isso já foi feito quase à exaustão. Se o trouxe à tona foi apenas como registro daquele que muito provavelmente foi o primeiro momento em que se observou uma mudança de conduta de governamento dos sujeitos tidos como anormais.

Ao evocar-se um fenômeno que Foucault (1996, p. 114) chama de "reclusão de exclusão", em termos históricos e institucionais, observa-se um deslocamento dessa reclusão. Enquanto a reclusão do século XVIII tinha como objetivo a exclusão dos chamados indesejáveis dos espaços sociais, no século XIX, visava à inclusão desses sujeitos, desde que fossem normalizados. Veiga-Neto e Lopes (2007) fazem referência a esse pensamento de Foucault, expondo a transição da concepção de "reclusão de exclusão" para a de "reclusão de inclusão" ou "reclusão de normalização".

Veiga-Neto (2013) observa o processo de ordenamento que se dá a partir das disciplinas, ao se desenvolverem no eixo do corpo e dos saberes, concordando com Bauman (2001), quando enfatiza a busca pela ordem estabelecida na Modernidade. Com a Modernidade, cria-se a norma, em uma lógica de "normal" e "anormal". Segundo Veiga-Neto (2011), a norma passa a imperar como regra de conduta – em oposição a uma desordem – e como regulador funcional – em oposição ao patológico –, caracterizando-se como um operador do biopoder, individualizando e comparando, fazendo de um desconhecido um conhecido anormal. Desse modo, observa-se uma construção social em torno dos conceitos de normal e anormal, a partir de discursos que pregam uma verdade sobre determinada população para assegurar sua proteção, ancorados nas Ciências Humanas durante o século XIX.

Na Aula de 19 de março de 1975, Foucault afirma:

> O indivíduo "anormal" que, desde fim do século XIX, tantas instituições, discursos e saberes levam em conta deriva ao mesmo tempo da exceção jurídico-natural do monstro, da multidão dos incorrigíveis pegos nos aparelhos de disciplinamento e do universal secreto da sexualidade infantil. Para dizer a verdade, as três figuras – do monstro, do incorrigível e do onanista – não vão se confundir exatamente. Cada uma se inscreverá em sistemas autônomos de referência científica: o monstro, numa teratologia e numa embriologia que encontraram em Geoffroy Saint-Hilaire sua primeira grande coerência científica; o incorrigível, numa

psicofisiologia das sensações, da motricidade e das aptidões; o onanista, numa teoria da sexualidade que se elabora lentamente a partir da *Psychopathia sexualis* de Kaan (FOUCAULT, 2001, p. 418).

A norma, portanto, rege como modelo advindo da normalização disciplinar, estabelecendo um princípio de comparação entre grupos e indivíduos. Logo, o normal é aquele capaz de amoldar-se ao modelo, e o anormal é quem não se enquadra no modelo preestabelecido.

Em *Segurança, Território, População*, Foucault explica a diferença entre normação e normalização. No primeiro processo, a tentativa de convencimento parte da norma de um grupo para designar se o indivíduo é normal ou anormal. Já no segundo, acontece o processo inverso: parte-se da compreensão do normal e do anormal para a norma do grupo tido como normal. Essa operação cunha uma interação entre os diferentes e direciona os desfavoráveis à semelhança dos favoráveis (FOUCAULT, 2008b).

De acordo com Foucault (1996, p. 114),

> [...] a fábrica não exclui os indivíduos; liga-os a um aparelho de reprodução. A escola não exclui os indivíduos; [...] ela os fixa a um aparelho de transmissão do saber. O hospital psiquiátrico não exclui os indivíduos; liga-os a um aparelho de correção, [...] de normalização dos indivíduos.

Na Contemporaneidade, constitui-se a chamada sociedade de controle, que, no entender de Hardt e Negri (2001, p. 42-43), se

> [...] caracteriza por uma intensificação e uma síntese dos aparelhos de normalização de disciplinaridade que animam internamente nossas práticas diárias e comuns, mas, em contraste com a disciplina esse controle estende bem para fora os locais estruturados de instituições sociais mediante redes flexíveis e flutuantes.

A deficiência foi entendida de diferentes formas, conforme o contexto histórico-social. No século XIX, a representação social da construção da verdade era concebida por meio do homem, contrapondo-se a todas as correntes anteriores. Assim, o trabalho passa a ser condição natural do sujeito, enquanto a representação social das pessoas com deficiência estava relacionada à improdutividade, sendo consideradas uma ameaça ao sistema. Esses indivíduos afastam-se mais uma vez do convívio social, mas ficam sob a tutela do Estado e da filantropia. Segundo Fonseca (1995, p. 9), "esta realidade obscura, tênue, sutil e confusa procura, de alguma forma, afastar ou excluir os indesejáveis, cuja presença ofende, perturba e ameaça à ordem social de um sistema".

É só no século XIX que a escola pública é implantada na Europa e, a partir de mecanismos disciplinares, captura um número significativo de crianças, organizando-se em termos espaciais e metodológicos para produzir padrões desejáveis de comportamento, de formação e de pensamentos. Constitui-se, dessa maneira, como formadora dos sujeitos a partir do saber da Pedagogia, tendo em seus instrumentos (currículo e exame) a disciplina, o controle e a produção de subjetividades desejadas.

Saraiva (2014) diz que, na concepção liberal clássica da época, filósofos acreditavam que somente pela educação era possível um deslocamento social para que as condições de miséria e ignorância fossem erradicadas, alinhando os indivíduos à moralidade do trabalho. A partir daí, iniciou-se o acesso à educação pelos pobres para produzir indivíduos com sentimentos de cidadania e de vinculação a um projeto nacional que fixava as pessoas ao tempo e ao espaço. Criou-se, assim, uma rotina para o apogeu do capitalismo industrial. Esse modelo de escola pública chega, então, às Américas em momentos e formas diferentes, mas com efeitos semelhantes.

Segundo Guareschi (2010), podemos considerar a Revolução Francesa como marco histórico e político da construção do Estado Moderno, pois se estabeleceu, pela primeira vez, o sujeito de direito, com valores universais de liberdade, igualdade e fraternidade. Esses direitos foram reformulados e implementados mediante dispositivos legais em âmbito internacional e nacional, produzindo o aparecimento, a visibilidade e a representatividade de grupos, ainda hoje, marginalizados socialmente. Butler (2018) considera esse enquadramento universal problemático por tratar-se de grupos específicos que seguem regras seculares ou estão protegidos pela lei; dessa forma, o universal não passa de um instrumento de discriminação, racismo e exclusão. A autora evidencia como crítica a articulação do direito de aparecer com o direito universal, esquemas de poder que qualificam quem pode e quem não pode aparecer, em que o direito é para todos, mas o aparecimento não. Então, quando esse aparecimento acontece, serve de crítica ao universal, requerendo alianças e performatividade plural. Nesse sentido, aponto, a título de exemplo em nosso cotidiano, a chamada "lei das cotas".

Para Foucault (1978, p. 93), "o poder está em todo o lugar, não porque abraça tudo, mas porque ele vem de todos os lugares". A partir disso, assinalo que é com essa noção de poder – como produtor de verdades, de conhecimentos, de positividade, e não como repressor ou proibitivo – que o Estado opera suas políticas públicas, tendo a educação como elemento básico e atuando pelos dispositivos legais para incluir grupos antes excluídos. Desse modo, as políticas públicas de inclusão educacional podem ser entendidas como estratégias da governamentalidade do Estado moderno, e a economia é o fator norteador dos poderes e das condutas humanas.

Em articulação permanente entre os processos produtivos e a educação, da Modernidade aos dias de hoje, a escola pública opera como uma ação disciplinar e biopolítica, primeiramente desenvolvida pelo Estado e agora por uma multiplicidade de instituições que apoiam umas às outras. O Estado, por sua vez, merece papel de destaque nas ações de governamento. Dessa forma, fazem-se necessários apontamentos quanto às transformações econômicas, políticas e sociais ocorridas nesse percurso, para o entendimento da inclusão e exclusão dos sujeitos, bem como da constituição dos direitos das pessoas com deficiência na atualidade.

A sociedade de controle constitui-se por meio de dispositivos mais democráticos e inerentes ao social que se distribuem e se interiorizam nos corpos e almas dos cidadãos. O poder passa a conduzir o sentido da vida e o desejo de criatividade dos sujeitos com base na ideia de bem-estar e liberdade, produzindo e reproduzindo a vida da população.

No curso *Em defesa da sociedade*, Michel Foucault aponta a biopolítica como tecnologia que "se instala, se dirige à multiplicidade dos homens, não na medida que eles se resumem em corpos, mas na medida em que ela forma, ao contrário, uma massa global" (FOUCAULT, 2005, p. 289). O autor segue seus estudos sobre biopolítica nas obras: *Segurança, território e população* e *Nascimento da biopolítica*, fornecendo-nos uma compreensão mais apurada da biopolítica como conjunto de mecanismos e procedimentos utilizados para governar os fenômenos de sujeitos viventes constituídos em população.

É nessa composição de estratégias que consiste a biopolítica, ou seja, uma política da sociedade que dá continuidade à subjetividade dos sujeitos por uma solicitação de escolhas e de decisões dos indivíduos por intermédio de governamentos sem obediências impostas por uma figura de poder soberano, mediante investimento na vida. Com isso, a governamentalidade entra em cena para articular técnicas de condução de condutas. Foucault (2008a) desenvolve o conceito de governamentalidade como conjunto de práticas de governamento que têm "na população seu objeto, na economia seu saber mais importante e nos dispositivos de segurança seus mecanismos básicos" (CASTRO, 2009, p. 57).

A governamentalidade pode ser compreendida como uma forma de pensar, uma racionalidade para produzir, conduzir e administrar os problemas que atingem a população e os indivíduos. Já o governamento, termo proposto por Veiga-Neto (2005), é um conjunto de ações de poder que objetivam conduzir a própria conduta ou a conduta dos outros, sendo esse poder perceptível de maneira mais "concreta" nos resultados dessas ações. Embora muitas traduções para o português utilizem o termo *governo*, Veiga-Neto e Lopes (2007) sugerem o conceito de governamento, apontando que *governo* se refere às instâncias centralizadoras do Estado. Assim, para outros autores, o Governo (no sentido de Estado) pode exercer um governamento.

Nessa linha de pensamento, os dispositivos de segurança agem como uma espécie de tecnologia de governar baseada em análises frequentes de gestão de risco e perigo, para aumentar a efetividade do poder e diminuir a resistência à regulação social com intervenções no meio. Para isso, utilizam-se recursos científicos e estatísticos como estratégias de governo das condutas (BUJES, 2015).

> Uma tecnologia que procura controlar (eventualmente modificar) a probabilidade desses eventos, em todo caso em compensar seus efeitos. É uma tecnologia que visa, portanto, não o treinamento individual, mas pelo equilíbrio global, algo como uma homeostase: a segurança do conjunto em relação aos seus perigos internos (FOUCAULT, 1999, p. 297).

O capitalismo industrial e os princípios liberais perduraram na liderança dos processos produtivos e dos governamentos até grande parte do século XX em vários territórios e regimes de governo. Foi só por volta da década de 1970 que começaram a ocorrer transformações políticas, econômicas e educacionais, a saber: declínio dos estados de bem-estar, emergência do neoliberalismo, surgimento de outras formas de produção, valorização de outras abordagens pedagógicas, além da disciplinar.

Nessa encruzilhada de interesses e direitos, a arte de governar passa a ser parte do cotidiano e das ações dos próprios cidadãos, descentralizando-se responsabilidades e condutas antes exclusivas do Estado. O mercado – em uma lógica neoliberal, instigando sujeitos autônomos – vem a constituir o *homo oeconomicus* como elemento básico da razão governamental, estabelecendo sujeitos de interesses. Na lógica dessa razão, faz-se necessário o investimento na população por meio de políticas públicas para que todos os cidadãos possam ser inseridos no mercado e possam competir. Desse modo, os processos de governamento passam a ser constituídos pelo mercado econômico, instituições, relações entre indivíduos e Estado, e a inclusão passa a ser interesse do sistema e responsabilidade de todos.

Tais processos entrelaçam-se em uma racionalidade política e em práticas de governamentalidade. Para Foucault (2008b), a principal diferença entre a governamentalidade liberal e a neoliberal é a descontinuidade dos seus princípios de inteligibilidade. Enquanto, no liberalismo, o foco eram os processos mercantis de trocas, no neoliberalismo, o foco passa a ser a concorrência. Essa concorrência dissemina-se no corpo social de forma generalizada, indo além de atributos econômicos, e o neoliberalismo norte-americano alarga a noção de *Homo oeconomicus* para os domínios da vida. Conforme Saraiva (2014, 146), "enquanto o liberalismo visava, prioritariamente, à conquista de novos mercados, o neoliberalismo pensa, principalmente, na conquista de consumidores dentro dos mercados já existentes".

Pode-se dizer que o neoliberalismo vem demarcando uma assinatura econômica voltada tanto para o financeiro quanto para as competências, redirecionando as condutas dos corpos e a de grupos sociais. Pinto (1999, p. 35) ressalta que "o processo de inclusão/exclusão faz parte de um poderoso jogo de poder, de dominação, e tem dado forma ao longo da história a muitas das relações políticas, sociais e econômicas que nos constituem".

É a partir dessa concepção que se origina a Teoria do Capital Humano, fruto da Escola de Chicago, que defende um pensamento para além do trabalho propriamente dito, se configurando como uma gestão de tempo de vida das pessoas. A Teoria do Capital Humano prega que tudo pode ser, de uma maneira ou de outra, uma fonte de renda futura, daí considerar os sujeitos como o próprio capital, cabendo investimento para gerar competências, sendo "necessário governar para o mercado, em vez de governar por causa do mercado" (FOUCAULT, 2008a, p. 165). Logo, um mercado de concorrência produz subjetividades e individualização, por consequência, um autoempreendorismo.

O conceito de capital humano foi criado por Theodore Schultz, no início dos anos 1960, tratando de um conjunto de capacidades, habilidades e destrezas com valor econômico, as quais são o resultado de investimentos, sejam pelo próprio indivíduo, pela família ou pela sociedade, e que lhe permitirão auferir renda (LÓPEZ-RUIZ, 2008). Porém, precisamos destacar que os benefícios de desenvolver o capital humano não estão restritos aos indivíduos, visto que o desenvolvimento econômico dos países também está associado com o capital humano de sua população. Além disso, como sublinha Foucault (2008a), o interesse dessa teoria reside no fato que ela representa dois processos: de um lado, o que se pode chamar de análise econômica de um campo até então não explorado, e, por outro, a possibilidade de reinterpretação em termos econômicos daquilo que não era considerado econômico, como a própria questão do trabalho e da renda, sendo que, nessa visão, o trabalho passa a ser visto como aptidão ou competência, constituindo-se não como uma mercadoria, mas como capital que gera renda.

É preciso ressaltar uma crítica ao Neoliberalismo com relação às condições vulneráveis da pobreza, pois ele se coloca contrário a redistribuição de renda, enfatizando a desigualdade para que tal condição de competição aconteça. Com isso, constata-se uma subjetivação de otimismo perverso por abstrair tais desigualdades sociais de seu discurso. Em contrapartida, o Estado promove e regula as condições necessárias por meio de políticas sociais, fazendo com que todos, ou quase todos, participem de alguma forma do jogo, produzindo e consumindo ao mesmo tempo conforme cada interesse. Para isso, Fonseca (2011, p. 77) ressalta o interesse de Foucault "em mostrar como as práticas sociais e as relações de poder formam domínios de saber, que por sua vez, fazem nascer novas formas de sujeitos".

Segundo Saraiva (2014), os governamentos, realizados pelos sistemas educacionais, objetivam produzir um tipo de sujeito que responda de forma satisfatória às exigências da governamentalidade vigente. Desse modo, os governamentos educacionais aplicados na sociedade de controle, ou seja, no capitalismo cognitivo, estão relacionados a estratégias para fabricar sujeitos úteis, produtivos e autônomos, daí as pessoas com deficiência passarem a ser vistas como capital humano que a partir de investimento possam produzir e competir no mercado.

Em direção a desnaturalização dos fenômenos sociais problematizar o imperativo da inclusão e o investimento em capital humano é expor uma sociedade onde existem desigualdades sociais o que implica em pontos de partida diferenciados, com ou sem oportunidade, principalmente, no que tange as pessoas com deficiência. E isso não é culpa exclusiva dos indivíduos, tal como apregoa o discurso neoliberal, mas por falta de políticas mais inclusivas e concretas, pois, por muito tempo o imperativo da inclusão serviu de agente a matriz neoliberal diante seus elementos constituintes, como: o capital humano, a educação, a participação social, ao empreendedorismo de si e a própria constituição do *Homo Economicus*. Porém, por se tratar de uma matriz de inteligibilidade moldável a dinâmica social e política, o neoliberalismo se reconfigura, para manter seus patamares econômicos, junto a governos autoritários e excludentes contribuindo na produção de efeitos como a exclusão, precarização e violência.

Diante desse cenário, as minorias sociais e culturais ganham força a partir da metade do século XX com os direitos humanos, que passam a ser a principal moeda de troca de negociações políticas nos processos de in/exclusão em proposições constitucionais nas democracias. Nessa visão, foi-se ampliando, aos poucos, a inclusão de grupos minoritários, constituindo-se conflitos entre os direitos dos sujeitos e os interesses do mercado econômico, o que afeta os modos de ser e viver da população.

Ao passo que os direitos naturais do cidadão garantiam a liberdade e a igualdade perante a lei, o sistema deslocou suas estruturas de soberania para estruturas de governo, produzindo um sujeito livre para atuar no mundo do capital. Nessa concepção, a governamentalidade moderna opera com a disciplina e a biopolítica, condições convergentes com o capital, tendo a população como alvo de investimento e agregando, aos direitos fundamentais, direitos econômicos, sociais e culturais, os quais se formalizam com a Declaração dos Direitos Humanos Universais de 1948. A Declaração adota a educação como ferramenta principal para promover o respeito a esses direitos e liberdades, dos quais derivam os demais direitos: à educação, à saúde, à habitação, ao trabalho, etc. Partindo de situações de exclusão, a Declaração dos Direitos Humanos Universais (DUDH) tenta incluir grupos ainda hoje segregados. Como se lê em seu art. 2, inciso 1º,

> Todo ser humano tem capacidade para gozar os direitos e as liberdades estabelecidos nesta Declaração, sem distinção de qualquer espécie, seja de raça, cor, sexo, idioma, religião, opinião política ou de outra natureza, origem nacional ou social, riqueza, nascimento, ou qualquer outra condição (DUDH, 1948, p. 1).

A DUDH garante o acesso à educação para todos de maneira gratuita no seu art. 26, inciso 1º:

> Todo ser humano tem direito à instrução. A instrução será gratuita, pelo menos nos graus elementares e fundamentais. A instrução elementar será obrigatória. A instrução técnico profissional será acessível a todos, bem como a instrução superior, está baseada no mérito (DUDH, 1948, p. 2).

Contudo, observa-se um movimento internacional que coloca as condições de vida dos sujeitos na vitrine, gerando conflitos com o sistema capitalista devido às desigualdades que este provoca na vida das pessoas. Isso faz com que o Estado promova políticas públicas para as necessidades de vida da população, agora não mais de maneira individual, e sim, distribuídas por grupos específicos.

Segundo Veiga-Neto (2011), o processo de inclusão parte do reconhecimento do outro pela aproximação, tomando algum saber acerca do outro para si, um saber que detecta alguma diferença, estabelecendo um estranhamento com o outro, daí o sentido de dicotomia. Porém, quem estabelece a dicotomia sempre fica em condições favoráveis e exerce o poder da dominação, e cria-se uma relação de interdependência. Para essa relação, Butler (2015) percebe o sujeito como passível do social e político para sobreviver; logo, a vida exige determinadas condições para tornar-se uma vida vivível e passível de luto, o que gera dependência externa e nos coloca como seres precários, carentes de obrigações e condições sociais.

Nessa lógica, a norma opera reforçando as noções de normalidade e anormalidade, produzindo uma "inclusão excludente", e não agindo de forma efetiva em uma educação para todos mediante um desenho universal. Assim, temos a escola inclusiva do século XXI, herança da inclusão moderna iluminista, a qual inclui o sujeito para mantê-lo excluído por meio da garantia do acesso e da prática do ordenamento, que produz aproximação, comparação, classificação e atendimento especializado desses sujeitos. Os discursos materializam-se nas políticas públicas, consideradas como estratégias de governamento da população – daí a inclusão conseguir colocar todos em um mesmo espaço físico e simbólico. Veiga-Neto e Lopes (2011, p. 129-130) compartilham desse pensamento ao demonstrarem que "o uso alargado da palavra inclusão, além de banalizar o conceito e o sentido ético que pode ser dado a ela, também reduz o princípio universal das condições de igualdade para todos a uma simples introdução 'de todos' num mesmo espaço físico".

É possível dizer que esses conceitos se tornam contraditórios. O Estado reconhece a existência do cidadão, logo, no que se refere ao direito político, o cidadão não está excluído. Veiga-Neto e Lopes (2011, p. 130), referem que, para Robert Castel,

> [...] "o excluído é aquele que por sua invisibilidade não perturba, não mobiliza e não altera a rotina do mundo". Para ele, os excluídos são os que estão fora das estatísticas, escapam aos sistemas previdenciários e de assistência, que são retirados de seus territórios, que são depositados em asilos, que vivem vagando em não-lugares nos quais sua presença não é notada porque não influem em nada e para nada.

Em uma problematização permanente, considerar os arranjos históricos faz-se necessário para a desconstrução de pressupostos naturalizados advindos de uma construção discursiva moderna que requer um caos para estabelecer uma ordem. Porém, esse sentimento perdido de ordem natural não passa de uma construção social em que se agrupam indivíduos em uma determinada categoria, esquecendo-se as singularidades de cada um dentro do próprio grupo.

Veiga-Neto e Lopes (2011, p. 125) refletem sobre as atuais formas de inclusão e exclusão, que não operariam em oposição uma à outra, mas se articulariam uma com a outra por meio do sujeito e de sua subjetividade.

> O caráter natural que é atribuído à inclusão, entendendo que as políticas que a promovem, bem como os usos da palavra inclusão em circulação, afinam-se tanto com a lógica do binário moderno inclusão x exclusão quanto com a lógica contemporânea em que a inclusão funde-se com a exclusão. É em decorrência de tal fusão que, de uns anos para cá, temos grafado in/exclusão para designar algumas situações.

Nesse sentido, concordo com o entendimento de Veiga-Neto e Lopes (2011, p. 7) sobre inclusão ao defini-la como

> [...] um conjunto de práticas que subjetivam os indivíduos a olharem para si e para o outro, fundadas em uma divisão platônica das relações; também pode ser entendida como uma condição de vida em luta pelo direito de se autorrepresentar, participar de

espaços públicos, ser contabilizado e atingido pelas políticas de Estado. [...] pode ser entendida como conjunto de práticas sociais, culturais, educacionais, de saúde, entre outras, voltadas para a população que se quer disciplinar, acompanhar e regulamentar.

Diante de tais conceitos e pressupostos epistemológicos, em reflexão permanente, a problematização em torno da inclusão instiga-nos a olhar e a pensar coisas que ainda não foram pensadas com relação às práticas e políticas que operam em seu nome, mesmo indo contra pensamentos dominantes e conservadores. Porém, que fique claro que tal atitude não tem a ver com ser contra a inclusão, mas com uma apreensão quanto a imperativos e verdades praticadas de maneira radical.

Referências

BAUMAN, Zygmunt. **Modernidade líquida**. Rio de Janeiro: Jorge Zahar, 2001.

BUJES, Maria Isabel E. Políticas sociais, capital humano e infância em tempos neoliberais. *In:* RESENDE, H. de. Michel Foucault. **O governo da infância**. Belo Horizonte: Autêntica, 2015. p. 259-280.

BUTLER, Judith. **Quadros de guerra**: quando a vida é passível de luto. Rio de Janeiro: Civilização Brasileira, 2015.

BUTLER, Judith. **Corpos em aliança e a política das ruas**: notas para uma teoria performativa em assembleia. Trad. MIGUENS, Fernanda Siqueira. Rio de Janeiro: Civilização Brasileira, 2018.

CASTRO, Edgardo. **Vocabulário de Foucault**: um percurso pelos seus temas, conceitos e autores. Belo Horizonte: Autêntica Editora, 2009.

DECLARAÇÃO UNIVERSAL DOS DIREITOS HUMANOS (DUDH). **Assembleia Geral das Nações Unidas em Paris**. 10 dez. 1948. Disponível em: https://www.unicef.org/brazil/declaracao-universal-dos-direitos-humanos. Acesso em: 20 dez. 2020.

GUARESCHI, Neuza Maria de Fátima; LARA, Lutiane de; ADEGAS, Marcos Azambuja. Políticas públicas entre o sujeito de direitos e o homo œconomicus. **Psico**, Porto Alegre, PUCRS, v. 41, n. 3, p. 332-339, jul./set. 2010.

FONSECA, Márcio Alves. **Michel Foucault e a constituição do sujeito.** São Paulo: EDUC. 2011.

FONSECA, Vítor da. **Programa de estimulação precoce uma introdução às ideias de Feverstein.** Porto Alegre: Ed. Artmed LTDA. 2 ed. revista aumentada, 1995.

FOUCAULT, Michel. **The History of Sexuality Vol I.** London: Penguins Books Ltd, 1978.

FOUCAULT, Michel. **A verdade e as formas jurídicas.** Rio de Janeiro: NAU, 1996.

FOUCAULT, Michel. **Vigiar e Punir**: história da violência nas prisões. Petrópolis (RJ): Vozes, 1999.

FOUCAULT, Michel. (1926-1984). **Os anormais**: curso no College de France (1974-1975). Trad. BRANDÃO, Eduardo. - São Paulo: Martins Fontes. 2001. (Coleção tópicos)

FOUCAULT, Michel. **Em defesa da sociedade.** Curso no *College de France* (1975-1976). São Paulo: Martins Fontes, 2005.

FOUCAULT, Michel. **O Nascimento da Biopolítica.** São Paulo: Martins Fontes, 2008a.

FOUCAULT, Michel. **Segurança, Território, População.** Trad. Eduardo Brandão. São Paulo: Martins Fontes, 2008b.

FOUCAULT, Michel. **A arqueologia do saber.** 7. ed. Trad. Luiz Felipe Baeta Neves. Rio de Janeiro: Forense Universitária, 2009.

HARDT, Michael; NEGRI, Antonio. **Império.** Trad. VARGAS, Berilo. 2 ed. Rio de Janeiro: Record, 2001.

LÓPEZ-RUIZ, Osvaldo. **A técnica como capital e o capital humano genético.** Novos Estudos. São Paulo: Cebrap, ed. 80, 2008. p. 127-139.

SARAIVA, Karla. A aliança biopolítica educação-trabalho. **Pro-Posições**, v. 25, n. 2 (74), p. 139-156, mai/ago. 2014.

VEIGA-NETO, Alfredo; LOPES, Maura Corcini. Inclusão e governamentalidade. **Educ. Soc.**, Campinas, v. 28, n. 100 - Especial, p. 947-963, out. 2007.

VEIGA-NETO, Alfredo; LOPES, Maura Corcini. Inclusão, exclusão, in/exclusão. **Verve**, n. 20, p. 121-135, 2011.

VEIGA-NETO, Alfredo. Governo ou governamento. **Currículo sem Fronteiras**, v.5, n.2, p. 79-85, Jul/Dez 2005.

VEIGA-NETO, Alfredo. Incluir para excluir. *In:* LARROSA, Jorge; SKLIAR, Carlos. **Habitantes de Babel**: políticas e poéticas da diferença. Trad. Seminários Gorini da Veiga, 2 ed. Belo Horizonte: Autêntica Editora, 2011.

VEIGA-NETO, Alfredo. Governamentalidades, neoliberalismo e educação. *In:* BRANCO, Guilherme; VEIGA-NETO, Alfredo (org.). **Foucault, filosofia e política**: Belo Horizonte: Autêntica, 2013, p. 35-50.

CAPÍTULO 2

O DIREITO DAS PESSOAS COM DEFICIÊNCIA À EDUCAÇÃO

O Brasil tem sua primeira Constituição redigida por conta de sua Independência, em 1824, e, em menos de 200 anos, outorgou três, as de 1824, 1937 e 1969 e promulgou quatro, as de 1891, 1934, 1946 e a atual, de 1988. As primeiras coadunavam-se com os direitos civis, mas, para época, ainda não levavam em consideração questões de gênero e de classe social. Os direitos sociais, econômicos e políticos só aparecem com o nascimento da classe trabalhadora, com a primeira Constituição Getuliana, de 1934, em que o governo, para exercer o poder, inclui grupos e começa a operar com normas e elementos da biopolítica. Entre avanços e retrocessos em direitos, o Brasil chega à sua última Constituição, de 1988, nomeando diversos grupos com direitos específicos, reconhecendo a pessoa com deficiência como cidadão de direito e garantindo a proteção, a assistência social, a saúde e a educação como deveres do Estado. Inclusive, no seu art. 208, no item 3, estipula "atendimento educacional especializado aos portadores de deficiência, preferencialmente na rede regular de ensino" (BRASIL, 2006a).

Ao tomar-se como referência a Declaração dos Direitos das Pessoas Deficientes, de 1975, aprovada pela Assembleia Geral da Organização das Nações Unidas (ONU), observa-se uma convergência de entidades nacionais e internacionais e das próprias pessoas com deficiência na luta pela garantia dos seus direitos, dentre eles, o direito à própria "dignidade humana". A primeira referência às pessoas com deficiência e aos seus direitos de cidadão, incluindo a educação, está explícita no Item 6.

As pessoas deficientes têm direito a tratamento médico, psicológico e funcional, incluindo-se aí aparelhos protéticos e ortóticos, à reabilitação médica e social, educação, treinamento vocacional e reabilitação, assistência, aconselhamento, serviços de colocação e outros serviços que lhes possibilitem o máximo desenvolvimento de sua capacidade e habilidades e que acelerem o processo de sua integração social (ONU, 1975).

No Brasil, resguardada a Constituição Federal de 1988, a primeira lei que vem reforçar os direitos das pessoas com deficiência foi a de nº 7.853/89, que dispõe sobre o apoio à pessoa com deficiência e sua integração social, e a Coordenadoria para a Integração da Pessoa Portadora de Deficiência (Corde), a qual reforça a responsabilidade do Estado quando assegura a essas pessoas o pleno exercício de seus direitos básicos. No que se refere à educação, as principais medidas apontadas nessa Lei estão no seu artigo 2º, parágrafo único, Item I, a saber:

a) a inclusão, no sistema educacional, da Educação Especial como modalidade educativa que abranja a educação precoce, a pré-escolar, as de 1º e 2º graus, a supletiva, a habilitação e reabilitação profissionais, com currículos, etapas e exigências de diplomação próprios;

b) a inserção, no referido sistema educacional, das escolas especiais, privadas e públicas;

c) a oferta, obrigatória e gratuita, da Educação Especial em estabelecimento público de ensino;

d) o oferecimento obrigatório de programas de Educação Especial a nível pré-escolar, em unidades hospitalares e congêneres nas quais estejam internados, por prazo igual ou superior a 1 (um) ano, educandos portadores de deficiência;

e) o acesso de alunos portadores de deficiência aos benefícios conferidos aos demais educandos, inclusive material escolar, merenda escolar e bolsas de estudo;

f) a matrícula compulsória em cursos regulares de estabelecimentos públicos e particulares de pessoas portadoras de deficiência capazes de se integrarem no sistema regular de ensino (BRASIL, 1989, p. 1).

Apesar desses dispositivos legais, reafirmando o direito à educação a todas as pessoas, ainda se constatam situações de exclusão escolar e de discriminação que alimentam estatísticas preocupantes em vários países, inclusive no Brasil. Grandes esforços foram e ainda são empreendidos para garantir educação para todos em diversas partes do mundo. Como marco desse processo, em 1990, durante a Conferência Mundial sobre Educação para Todos, foi aprovado um plano de ação para satisfazer as necessidades básicas de aprendizagem para os sujeitos privados de condições de igualdade de participação e de acesso.

Os grandes princípios da educação para todos, segundo a Unesco, são:

- a educação é a arma mais eficaz contra a pobreza, pois nenhum país conseguiu a erradicação da pobreza sem a educação;

- a educação de mulheres e meninas é um fator decisivo, independente de que o objetivo seja aumentar o número de pessoas alfabetizadas e o nível de vida, ou de diminuir as taxas de mortalidade e de crescimento demográfico;

- o conceito de aprendizagem ao longo da vida substituiu a distinção tradicional que se estabelecia entre os anos passados na escola e a vida depois das aulas;

- a aprendizagem é a chave para o desenvolvimento sustentável;

- a educação deve chegar aos excluídos;

- quanto melhor é o aprendizado melhor será a qualidade de vida;

- o acesso e a qualidade da educação são determinantes para o seu êxito;

- adaptação e flexibilidade são as novas habilidades necessárias para enfrentar um mundo em rápida mutação;

- a educação deve sensibilizar para a defesa do meio ambiente, contribuindo para o melhor conhecimento dos direitos e deveres fundamentais e fomentar a maior participação na ação cívica (UNESCO, 1990).

Nessa direção, a Declaração de Salamanca (1994) reafirma o compromisso para com a Educação para Todos, reconhecendo a necessidade e urgência do providenciamento de educação para as crianças, jovens e adultos com necessidades educacionais específicas dentro do sistema regular de ensino e orientando a estrutura de ação em Educação Especial através de princípios, políticas e práticas nessa área (UNESCO, 1994).

Sob essa governamentalidade neoliberal e os direitos humanos, iniciou-se na década de 1990, no Brasil, um movimento de inclusão, principalmente, no âmbito educacional, sendo visto como uma solução para quase todos os problemas sociais de que, até então, a educação ainda não conseguira dar conta com suas metodologias pedagógicas também no que se refere à participação das pessoas com deficiência na escola. Segundo Lasta e Hillesheim (2014, p. 146), as políticas de inclusão escolar no Brasil têm "como desafios enfrentar as desigualdades sociais e vencer a tradição política autoritária, desafios que surgem a partir da instauração e consolidação de um regime democrático".

No Brasil, cada vez mais, as tendências internacionais do capital nas suas plataformas de governo, reestruturando sua economia e política. Consequentemente, essa conduta provoca mudanças em vários setores da sociedade, principalmente na educação, com impacto na organização e gestão dos sistemas de ensino. Tudo isso se dá enquanto reformas educacionais mundiais e identificam a escola como espaço de mudança para a sociedade, com ênfase em conceitos de autonomia, gestão descentralizada e avaliação, a partir de uma liberdade produzida.

Dessa forma, a educação, no Brasil, vem a ser vista como fator estratégico do desenvolvimento econômico e instrumento de cidadania. Planos e reformas passam a ser elaborados e colocados em prática, com enfoques políticos e socioeconômicos. Redefine-se o próprio conceito de educação por meio de dispositivos legais, e reformulam-se os currículos, as formas de fomento, as diretrizes e os instrumentos de avaliação.

Para exemplificar, essas regulações originaram várias políticas curriculares, tais como: os Parâmetros Curriculares Nacionais (PCNs), a Lei de Diretrizes e Bases (LDB) e o Plano Nacional de Educação (PNE). Com isso, são produzidos *rankings*, em um verdadeiro sistema de competição, nos processos de avaliação de larga escala, como Prova Brasil, Provinha Brasil e Exame Nacional do Ensino Médio (Enem), gerando-se o Índice de Desenvolvimento da Educação Brasileira (Ideb).

Nessa seara, a Lei nº 9.394/1996 é aprovada no Brasil para garantir o direito a toda população de ter acesso à educação gratuita e de qualidade, para valorizar os profissionais da educação, estabelecer o dever da União, do Estado e dos Municípios com a educação pública. Essa lei, conhecida como Diretrizes e Bases da Educação Nacional ou simplesmente de LDB, também institui à Educação Especial como uma modalidade de ensino, sendo praticada, preferencialmente, na rede regular de ensino com atendimento especializado para seu público-alvo (BRASIL, 1996).

Já nos anos 2000, o acesso e acessibilidade das pessoas com deficiência é intensificado por meio de dispositivos legais, sempre articulados com regulamentações internacionais, marcando uma época de avanços e conquistas importantes na garantia dos direitos e participação social dessas pessoas. Exemplo disso, a criação das Leis nº 10.048/2002 e nº 10.098/2000, regulamentadas pelo Decreto de nº 5.296, em 02 dezembro de 2004, nas quais são estabelecidas a prioridade de atendimento de pessoas específicas e as normas gerais e critérios básicos para a promoção da acessibilidade das pessoas com deficiência ou com mobilidade reduzida (BRASIL, 2004).

Nesse Interstício, em 2001, a Declaração Internacional de Montreal sobre Inclusão reconhece o acesso igualitário de todos os espaços da vida, salientando ainda que determinados grupos necessitam de garantias adicionais para obtenção de acesso, implementando o desenho inclusivo a todos. Já em 2006, em Nova York, a Convenção sobre os Direitos das Pessoas com Deficiência ratifica os direitos humanos e incorporam as necessidades das pessoas com deficiência como grupo vulnerável, a fim de assegurar igualdade de oportunidades com uma participação mais efetiva na sociedade (ONU, 2001 e 2006).

No Brasil, segue uma sequência de publicações de leis, decretos, resoluções, portarias e políticas na perspectiva da Educação Inclusiva, a saber:

Quadro 1 – Dispositivos legais nacionais referentes às pessoas com deficiência

ANO	DISPOSITIVO	PROVIDÊNCIA
2001	RESOLUÇÃO CNE/CEB Nº 02	Instituiu as Diretrizes Nacionais para a Educação Especial na Educação Básica: avanço na perspectiva da universalização do ensino e um marco da atenção à diversidade na educação brasileira, ratificando a matrícula obrigatória de todos os alunos.
2002	LEI N º 10.436	Reconhece a Língua Brasileira de Sinais (LIBRAS) como outro recurso de comunicação para garantir a acessibilidade comunicativa e o acesso à escola dos alunos surdos, incluindo a LIBRAS como disciplina curricular nos cursos de formação de professores e de Fonoaudiologia, determinando a formação e a certificação de professores, instrutores e tradutores/ intérpretes de LIBRAS.

2002	PORTARIA Nº 2.678	Aprovar o projeto da Grafia Braille para a Língua Portuguesa e recomenda o seu uso em todo o território nacional
2008	POLÍTICA NACIONAL DE EDUCAÇÃO ESPECIAL NA PERSPECTIVA DA EDUCAÇÃO INCLUSIVA	Assegura a inclusão escolar de alunos com deficiência e altas habilidades/superdotação, garantindo o acesso ao ensino regular através da transversalidade da modalidade de educação especial desde a Educação Infantil até a Educação Superior; oferta do atendimento educacional especializado; formação de professores para o atendimento educacional especializado e demais profissionais da educação para a inclusão; acessibilidade arquitetônica, nos transportes, nos mobiliários, nas comunicações e informação; e articulação intersetorial na implementação das políticas públicas.
2009	RESOLUÇÃO CNE/CEB Nº 04	Institui as Diretrizes Operacionais para o Atendimento Educacional Especializado – AEE na Educação Básica. Este documento determina o público alvo da educação especial, define o caráter complementar ou suplementar do AEE, prevendo sua institucionalização no projeto político pedagógico da escola.
2011	DECRETO Nº 7.611	Incorpora o Decreto nº 6571/2008 e institui a política pública de financiamento no âmbito do Fundo de Manutenção e Desenvolvimento da Educação Básica e de Valorização dos Profissionais da Educação - Fundeb, estabelecendo o duplo cômputo das matrículas dos estudantes com deficiência, transtornos globais do desenvolvimento e altas habilidades/superdotação.
2011	DECRETO Nº 7.612	Estabelece o Plano Nacional dos Direitos da Pessoa com Deficiência – Viver sem Limite.

2012	LEI Nº 12.764	Cria a Política Nacional de Proteção dos Direitos da Pessoa com Transtorno do espectro Autista, além de consolidar um conjunto de direitos, esta lei em seu artigo 7º, veda a recusa de matrícula às pessoas com qualquer tipo de deficiência e estabelece punição para o gestor escolar ou autoridade competente que pratique esse ato discriminatório.
2015	LEI Nº 13.146	Institui a Lei Brasileira de Inclusão da Pessoa com Deficiência (Estatuto da Pessoa com Deficiência).
2016	LEI Nº 13.409	Altera a Lei nº 12.711/2012, para dispor sobre a reserva de vagas para pessoas com deficiência nos cursos técnico de nível médio e superior das instituições federais de ensino (estudantes vindos de escolas públicas, de baixa renda, negros, pardos, indígenas e pessoas com deficiência).
2023	LEI Nº 14.723	Altera a Lei nº 12.711/2012, para dispor sobre o programa especial para o acesso às instituições federais de educação superior e de ensino técnico de nível médio de estudantes pretos, pardos, indígenas e quilombolas e de pessoas com deficiência, bem como daqueles que tenham cursado integralmente o ensino médio ou fundamental em escola pública.

Fonte: Atualizado a partir de BRAGA JUNIOR, 2022.

Contudo, observa-se que a racionalidade neoliberal foi plantada na educação brasileira no governo de Fernando Henrique Cardoso, por meio dos documentos citados, regada no governo de Luiz Inácio Lula da Silva e adubada no governo de Dilma Rousseff, que seguiu com outras políticas, como o Fundo de Manutenção e Desenvolvimento da Educação Básica (Fundeb) (2007a), Reuni (2007b) e a UAB (2006). Dessa forma, ampliam-se vagas nas instituições públicas de Ensino Superior, reformula-se o sistema de crédito educativo no Ensino Superior privado e expande o ensino à distância.

Essa agenda de expansão e democratização do Ensino Superior no Brasil prossegue, e amplia-se cada vez mais o acesso, historicamente marginalizado e discriminado. Dentro da política do Reuni, o governo Lula cria novos Institutos Federais e novas universidades, além de ampliar o número de vagas nas instituições preexistentes e aprovar a Reforma Universitária, que desenvolve o Plano Nacional de Pós-Graduação e o Sistema Nacional de Avaliação do Ensino Superior (Sinaes) (2013). Vale ressaltar que os discursos imbricados em todas essas políticas – modernização da educação, diversificação, flexibilidade, competitividade, desejo, produtividade, eficácia e qualidade dos sistemas educativos – seguem a ordem do discurso neoliberal, em atenção às demandas e exigências do mercado.

A política de acesso ao Ensino Superior integra demandas do cenário produtivo mediante regras de mercado, que produzem verdades forjadas por dispositivos de controle e segurança, resultando na constituição de sujeitos para desenvolver competências exigidas pela sociedade contemporânea. Tem-se, assim, o papel de condutas e de subjetividades das políticas públicas na educação.

De acordo com Saraiva (2014), a expansão da Educação a Distância (EaD) no Brasil torna-se um dos exemplos dessa estratégia de governamentalidade, principalmente, no que se refere ao Ensino Superior. Isso porque as instituições públicas e privadas capilarizaram a educação com suas ofertas de maneira exponencial nos últimos anos, capturando indivíduos de localizações geográficas longínquas e de baixa renda por meio das políticas públicas. Associa-se o ensino ao tempo e ao espaço do sujeito, o que garante sua autonomia e liberdade, além dessa modalidade contemplar a escolha de uns e a reinvenção de outros. Em uma lógica neoliberal, o investimento e a invenção de novos produtos operam na captura dos sujeitos já existentes.

Como resultado desse processo inclusivo neoliberal, o relatório da Secretaria de Educação Superior (Sesu) registra, no período de 2003 a 2014, o seguinte:

> Criação de 18 novas universidades federais; Criação de 173 campus de universidades federais em cidades do interior do país; Lançamento do Programa de Extensão Universitária (Proext) em 2003; Criação do Sistema Nacional de Avaliação da Educação Superior (Sinaes), em 2004; Criação, em 2004, do PROUNI para estudantes carentes em instituições de Ensino Superior privadas e sua implementação em 2005; Criação da Universidade Aberta do Brasil (UAB), em 2006, que apoia universidades públicas a ofertar cursos na modalidade de educação a distância com ênfase maior para as licenciaturas; Recuperação, em 2003, do Programa de Educação Tutorial (PET) e seu fortalecimento, em 2006; Implantação do Reuni em 2007; Implantação do Programa Institucional de Bolsas de Iniciação à Docência (PIBID) em 2008; Criação do Plano Nacional de Assistência Estudantil (Pnaes), para estudantes das universidades federais em 2008; Redesenho em 2010 do FIES, que facilita o acesso à Educação Superior para estudantes de baixa renda, em especial para estudantes das licenciaturas e de medicina; Criação do Programa de Bolsa Permanência para estudantes das universidades federais em 2013; Criação do Programa de Bolsa Permanência, para estudantes bolsistas do PROUNI (BRASIL, 2014, 27).

O governo de Dilma Rousseff não só dá continuidade a essa agenda neoliberal, como também amplia as possibilidades de emergência das práticas inclusivas, criando um consenso entre a demanda econômica, as aspirações sociais e a ideologia da escola inclusiva.

Como salientam Lopes e Fabris (2013), para o mundo neoliberal, o que interessa é incluir os diferentes na lógica da concorrência, mesmo que em condições diferentes de inclusão. Daí todos passam a ser alvo das ações do Estado por meio das políticas de inclusão, sejam elas educacionais, sociais, assistenciais ou de trabalho. Estando todos incluídos nos grupos sociais, nos registros oficiais, no mercado de trabalho, na escola e nas cotas de bolsas, o governo pode traçar condutas de governamento dentro de um jogo, com regras que continuam definindo determinados grupos sociais, marcando suas diferenças. No entanto, observa-se que o problema da inclusão na atualidade não é onde encontrar a informação, mas como oferecer o acesso sem excluir e como aprender a usá-la e interpretá-la sem selecioná-la, avaliá-la, dividi-la e classificá-la.

Criam-se, pois, programas, formações e núcleos, e implementam-se políticas por intermédio de portarias, decretos e normativas, com o intuito de consolidar as estruturas sociais em uma perspectiva inclusiva. A lógica neoliberal vai tecendo sua teia sobre os sujeitos e instituições, principalmente as educativas, constituindo uma concepção empreendedora, com perdas de direitos e benefícios de algumas populações. Assim, a inclusão dos sujeitos fixa-se no reconhecimento e no aparecimento de grupos já contemplados em uma proposição universal, o que ratifica a exclusão, que opera de acordo com a forma performativa de poder, diferentemente da desigualdade social e da discriminação negativa.

Ao fugir da visão reducionista de alguns estudos, dar continuidade à crítica permanente que instiga uma reflexão, olhar para o movimento político e as condições em que aflora a palavra inclusão e colocá-la como oposto de exclusão, corre-se o risco de não se chegar a lugar algum ou de se chegar a lugares indesejados, pois, naquilo que já foi descrito aqui, exclusão está mais de acordo com desigualdades sociais e discriminação do que com educação inclusiva. De acordo com Veiga-Neto (2011), não basta só vontade política e competência técnica para o sucesso da inclusão; temos que refletir e analisar o significado da proposta para evitar ambiguidades e dificuldades.

Por isso a necessidade da análise dos discursos dos documentos oficiais e programas de governo como elemento norteador de uma discussão mais ampla, na qual a inclusão passou a englobar outras identidades. A inclusão tornou-se um imperativo do nosso tempo e passou por um processo de naturalização, o que dificulta propor outras possibilidades de reflexão, sendo considerada quase como um princípio intocável por estar vinculada a direitos humanos, democracia e cidadania. De acordo com Veiga-Neto e Lopes (2011, p. 129), parece mais interessante seguir o pensamento de Nietzsche:

> [...] assumir como único a priori o histórico, o que implicará abandonar o a priori naturalístico. Trocando em miúdos: ao invés de apelar a uma suposta "natureza humana naturalmente inclusiva" e fundada num igualitarismo isotrópico também natural, é preciso examinar tudo isso como resultado de construções sociais que, justamente por serem sociais, são históricas, contingentes, culturais, políticas e, portanto, modificáveis.

Portanto, observam-se avanços e estagnações no processo de governamentos em termos de políticas de inclusão da pessoa com deficiência. Isso indica maior necessidade de estratégias de circulação em outros sentidos inclusivos, além de se estabelecerem espaços de discussões para repensar tais práticas, com o intuito de fornecer o reconhecimento e a articulação das pessoas com deficiência como sujeitos constitutivos dos direitos universais, evitando-se práticas divisórias e uma acessibilidade com barreiras.

Referências

BRAGA JUNIOR, Francisco Varder. **Acessibilidade das pessoas com deficiência no ensino superior**: estratégias de governamento e processos de in/exclusão. Tese (Doutorado em Educação) – Programa de Pós-graduação em Educação, Universidade de Santa Cruz do Sul. Santa Cruz do Sul, p. 110. 2022.

BRASIL. **Constituição da República Federativa do Brasil de 1988**. Brasília: Senado Federal, 2006a.

BRASIL. Presidência da República. Lei nº 7.853, de 24 de outubro de 1989, dispõe sobre a Política Nacional para a Integração da Pessoa Portadora de Deficiência, consolida as normas de proteção, e dá outras providências. **Diário Oficial da União**, Brasília, 1989. Disponível em: http://www.planalto.gov.br/ccivil_03/leis/l7853.htm Acesso em: 24 mar. 2021.

BRASIL. Ministério da Educação. Lei nº 9.394 de 20 de dezembro de 1996. Estabelece as Diretrizes e Bases da Educação Nacional. **Diário Oficial da União**. Brasília, DF, 1996. Disponível em: http://www.planalto.gov.br/ccivil_03/leis/l9394.htm. Acesso em: 10 mar. 2021.

BRASIL. Presidência da República. Decreto nº 5.296, de 2 de dezembro de 2004. Regulamenta as Leis nos 10.048, de 8 de novembro de 2000, que dá prioridade de atendimento às pessoas que especifica, e 10.098, de 19 de dezembro de 2000, que estabelece normas gerais e critérios básicos para a promoção da acessibilidade das pessoas portadoras de deficiência ou com mobilidade reduzida, e dá outras providências. **Diário oficial da União**. Brasília, 2004. Disponível em: http://www.planalto.gov.br/ccivil_03/_ato2004-2006/2004/decreto/d5296.htm. Acesso em: 10 mar. 2021.

BRASIL. Presidência da República. Decreto nº 5.800, de 8 de junho de 2006. Dispõe sobre o Sistema Universidade Aberta do Brasil – UAB. **Diário Oficial da União**. Brasília, DF, 2006. Disponível em: http://www.planalto.gov.br/ccivil_03/_ato2004-2006/2006/decreto/d5800.htm. Acesso em: 12 set. 2021.

BRASIL. Presidência da República. Lei nº 11.494, de 20 de junho de 2007. Regulamenta o Fundo de Manutenção e Desenvolvimento da Educação Básica e de Valorização dos Profissionais da Educação - FUNDEB, de que trata o art. 60 do Ato das Disposições Constitucionais Transitórias; altera a Lei n o 10.195, de 14 de fevereiro de 2001; revoga dispositivos das Leis n os 9.424, de 24 de dezembro de 1996, 10.880, de 9 de junho de 2004, e 10.845, de 5 de março de 2004; e dá outras providências. **Diário Oficial da União**. Brasília, 2007a. Disponível em: http://www.planalto.gov.br/ccivil_03/_ato2007-2010/2007/lei/l11494.htm. Acesso em: 21 mar. 2021.

BRASIL. Presidência da República. Decreto nº 6.096, de 24 de abril de 2007. Institui o Programa de Apoio a Planos de Reestruturação e Expansão das Universidades Federais – REUNI. **Diário Oficial da União**. Brasília, 2007b. Disponível em: http://www.planalto.gov.br/ccivil_03/_ato2007-2010/2007/decreto/d6096.htm. Acesso em: 25 jun. 2019.

BRASIL. Ministério da Educação. Instituto Nacional de Estudos e Pesquisas Educacionais Anísio Teixeira Diretoria de Avaliação da Educação Superior Coordenação-Geral de Avaliação de Cursos de Graduação e IES. **Referenciais de acessibilidade na Educação Superior e a avaliação in loco do sistema nacional de avaliação da Educação Superior (SINAES)**, 2013. Disponível em: http://portal.inep.gov.br/documents. Acesso em: 10 jan. 2020.

BRASIL. Ministério da Educação. Secretaria de Educação Superior. **Balanço Social Sesu 2003 – 2014.** Brasília, 2014. Disponível em: http://portal.mec.gov.br/sesu-secretaria-de-educacao-superior/arquivos/balancosocial-sesu-2003-2014. Acesso em: 24 mar. 2021.

LASTA, Letícia Lorenzoni; HILLESHEIM, Betina. Políticas de inclusão escolar: produção da anormalidade. **Psicologia & Sociedade**, n. 26, p. 140-149, 2014. Disponível em: http://www.ufrgs.br/seerpsicsoc/ojs2/index.php/seerpsicsoc/article/view/3732/2362. Acesso em: 9 jun. 2020.

LOPES, Maura Corcini; FABRIS, Elí Henn. **Inclusão e educação.** Belo Horizonte: Autêntica, 2013.

ORGANIZAÇÃO DAS NAÇÕES UNIDAS (ONU). **Resolução nº 2.542 de 1975. Declaração dos Direitos das Pessoas Deficientes,** 1975. Disponível em: file:///C:/Users/varder/Downloads/Declara%C3%A7%C3%A3o%20dos%20direitos%20das%20pessoas%20deficientes%20-%20ONU%20-%201975%20(1).pdf. Acesso em: 24 out. 2020.

ORGANIZAÇÃO DAS NAÇÕES UNIDAS (ONU). **Declaração internacional de Montreal sobre inclusão,** em 5 de junho de 2001. Disponível em: http://portal.mec.gov.br/seesp/. Acesso em: agosto/2011.

ORGANIZAÇÃO DAS NAÇÕES UNIDAS (ONU). **Convenção sobre os direitos das pessoas com deficiências.** Rio de Janeiro, 2006. Disponível em: http://www.bengalalegal.com/convencao. Acesso em: 24 mar. 2021.

SARAIVA, Karla. A aliança biopolítica educação-trabalho. **Pro-Posições**, v. 25, n. 2 (74), p. 139-156, mai/ago. 2014.

UNESCO. Coordenadoria Nacional para a Integração da Pessoa Portadora de Deficiência (Corde). **Declaração mundial sobre educação para todos.** Plano de ação para satisfazer as necessidades básicas de aprendizagem. Tailândia, 1990. Disponível em: https://abres.org.br/wpcontent/uploads/2019/11/declaracao_mundial_sobre_educacao_para_todos_de_marco_de_1990.pdf. Acesso em: 19 mar. 2021.

UNESCO. **Declaração de Salamanca de princípios, política e prática para as necessidades educativas especiais.** Brasília: Corde, 1994. Disponível em: http://portal.mec.gov.br/seesp/arquivos/pdf/salamanca.pdf. Acesso em 19 mar. 2021.

VEIGA-NETO, Alfredo. Incluir para excluir. *In:* LARROSA, Jorge; SKLIAR, Carlos. **Habitantes de Babel**: políticas e poéticas da diferença. Trad. Seminários Gorini da Veiga, 2 ed. Belo Horizonte: Autêntica Editora, 2011.

VEIGA-NETO, Alfredo; LOPES, Maura Corcini. Inclusão, exclusão, in/exclusão. **Verve**, n. 20, p. 121-135, 2011.

CAPÍTULO 3

UMA ANÁLISE DA PRODUÇÃO CIENTÍFICA E LEGAL SOBRE A ACESSIBILIDADE DAS PESSOAS COM DEFICIÊNCIA NO ENSINO SUPERIOR

O termo acesso tem sido bastante difundido na atualidade nas mais diversas áreas, principalmente na Educação Inclusiva, remetendo ao sentido de desejo de mudança e tendo ainda um significado embutido de luta para se atingir algo que se entrelaça às questões de exclusão. Já o termo acessibilidade remete a algo mais concreto da vida cotidiana que pode ser medido e implementado, como aquilo que proporciona oportunidade às pessoas com deficiência de usufruírem de determinados lugares, fazendo-se uma condição necessária. Ao tomar-se como referência a norma brasileira (NBR) 9050 da Associação Brasileira de Normas Técnicas (ABNT, 2004a), pode-se observar que a definição de acessibilidade é "possibilidade e condição de alcance, percepção e entendimento para a utilização com segurança e autonomia de edificações, espaço, mobiliário, equipamento urbano e elementos" (p. 2). "O termo acessível implica tanto acessibilidade física como de comunicação" (ABNT, 2004a, p. 2).

Observa-se que o termo acesso tem sido, por vezes, direcionado à inclusão social, relacionando-se ao meio social, e não às condições de acessibilidade, pois estas se configuram como políticas inclusivas institucionais ou de Governo, refletindo a condição de oportunidades a todos.

No que tange à educação, a Constituição Brasileira de 1988 assegura a todos a igualdade de condições para o acesso e a permanência na escola (Art. 206, inciso I), enfatizando a prática do atendimento educacional especializado para alunos com deficiência na rede regular de ensino (Art. 208, inciso III) (BRASIL, 2006). A LDB reafirma as necessidades educativas especiais de forma geral, seguindo o princípio da educação para todos, e ratifica a igualdade de acesso e permanência na escola, no seu art. 2º (BRASIL, 1996), havendo ainda outras formas de leis, decretos, portarias, resoluções e programas que foram sendo publicados no Brasil ao longo dos anos.

No Ensino Superior, algumas iniciativas deram-se de forma isolada, incipiente e autônoma, com fomento próprio, adotando-se uma forma mais consistente a partir dos anos 2000, a saber: a Resolução Nº 2/1981, que autoriza a concessão de prorrogação de prazo de conclusão de curso de graduação aos alunos com deficiência física, afecções congênitas ou adquiridas; a Portaria Nº 1.793/1994, que recomenda a inclusão da disciplina "Aspectos ético-político-educacionais da normatização e integração da pessoa portadora de necessidades especiais" nos cursos de Pedagogia, Psicologia e em todas as licenciaturas, bem como conteúdos referentes a essa temática nos cursos do grupo de Ciência da Saúde, de Serviço Social e demais cursos de graduação, de acordo com suas especificidades. A Portaria Nº 1.679/1999 traz, no seu art. 1º, a inclusão de requisitos de acessibilidade para as pessoas com deficiência conforme as normas em vigor nos dispositivos que avaliam as condições de oferta de cursos superiores para fins de autorização, reconhecimento e credenciamento das IES, bem como para sua renovação. Esta Portaria foi revogada, após quatro anos, pela Portaria Nº 3.284/2003, que toma como referência a Norma 9.050/1994 da ABNT, que trata da Acessibilidade de Pessoas "Portadoras" de Deficiências a Edificações, Espaço, Mobiliário e Equipamentos Urbanos.

Essas políticas de acessibilidade que contemplam as pessoas com deficiência no Ensino Superior são implementadas de forma gradativa e, planejadas ou não, que de certa forma, procuraram preparar as instituições para a chegada desses sujeitos, orientando-se pelos dispositivos: Leis Nº 10.048/2000 e Nº 10.098/2000 (BRASIL, 2004b). Situação oposta ocorre na Educação Básica, em que muitas escolas, ainda hoje, não possuem as condições necessárias de acessibilidade que contemplem a diversidade dos alunos. Vale ressaltar, que da intenção a realidade, a acessibilidade de muitas IES ainda tem um grande desafio pela frente para adequar suas estruturas e projetos pedagógicos que atendem todas as necessidades dos seus estudantes.

Para entendermos o contexto da acessibilidade de que dispomos hoje – que permite o acesso e a permanência dos alunos com deficiência no Ensino Superior –, é interessante investigar o percurso das políticas públicas de inclusão que se efetivaram no presente, para uma análise de possíveis marcadores que ainda travam a participação plena dessas pessoas na sociedade. Conforme explicou Foucault a um entrevistador em 1984: "Eu parto de um problema expresso nos termos correntes de hoje e eu tento resolver sua genealogia. Genealogia significa que eu começo minha análise a partir de uma questão disposta no presente" (FOUCAULT, 1988, p. 262).

Dessa forma, ao consultar a pesquisa em acessibilidade no ensino superior federal e as políticas públicas, realizada por Braga Junior (2022), na base de dados da Biblioteca Digital Brasileira de Teses e Dissertações (BDTD) da Coordenação de Aperfeiçoamento de Pessoal de Nível Superior (Capes), 29 trabalhos foram analisados, observando os seguintes resultados:

O Gráfico 1, é notório um aumento e uma constância nas publicações a partir de 2016, ano em que se altera a Lei nº 12.711/2012 com a publicação da Lei nº 13.409, que dispõe sobre a reserva de vagas para pessoas com deficiência nos cursos técnicos de nível médio e superior das instituições federais de ensino. Vale pontuar também, nessas publicações, a circulação de discursos e práticas por meio de dispositivos anteriores, voltados às políticas de inclusão das pessoas com deficiência no Ensino Superior.

Gráfico 1 – Número de publicações por ano

Fonte: BRAGA JUNIOR, 2022.

No Gráfico 2, verifica-se um maior número de publicações na região nordeste (41,4%), o que nos leva a pensar no número de cursos de mestrados profissionais da região, favorecidos pela política do Reuni, os quais objetivam a produção de produtos e aplicabilidades técnicas, conforme explicita a Tabela 1. Esse direcionamento também é observado no Decreto Nº 5.296/2004, quando determina a inclusão de conteúdos temáticos referentes ao desenho universal nos componentes curriculares da educação profissional e tecnológica, e superior dos cursos de Engenharia, Arquitetura e correlatos. Outro fator importante que merece ser pontuado é que essa região apresenta o maior índice de pessoas com deficiência do país, concentrando um percentual de 26,6% de pessoas com pelo menos uma das deficiências investigadas, segundo o IBGE (2010a).

Gráfico 2 – Distribuição das publicações por instituições e regiões.

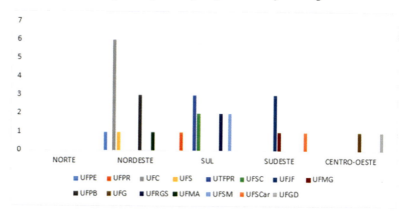

Fonte: BRAGA JUNIOR, 2022.

Quanto ao Quadro 2, os dados demonstram um número significativo de mestrados profissionais voltados para gestão, avaliação e políticas públicas. Esse panorama articula-se aos investimentos na área da Educação ocorridos nas últimas três décadas no Brasil, principalmente na Educação Superior, por meio de governamentos, como: Reuni (2007), Plano Nacional de Pós-Graduação de 2011 a 2020 (2010b) e Sinaes (2013). Tais reformas ancoram-se em fundamentos neoliberais, que incitam à competição, ao desejo e ao consumo para atender a demandas de novos conhecimentos em inovações tecnológicas e acessibilidade, de modo que os sujeitos possam ser incluídos no cenário do mercado.

Quadro 2 – Perfil das publicações quanto às origens

REGIÃO	INSTITUIÇÃO	PUBLICAÇÃO	PROGRAMA
NORTE	-	-	-
NORDESTE	UFC	6	MP EM POLÍTICAS PÚBLICAS E GESTÃO DO ENSINO SUPERIOR
	UFPE	1	MP EM POLÍTICAS PÚBLICAS
	UFS	1	PPG EM EDUCAÇÃO
	UFPB	1	MP EM POLÍTICAS PÚBLICAS, GESTÃO E AVALIAÇÃO
	UFPB	2	PPG EM EDUCAÇÃO
	UFMA	1	PPG EM EDUCAÇÃO
SUL	UFPR	1	PPG EM EDUCAÇÃO
	UTFPR	2	PPG EM TECNOLOGIA E SOCIEDADE
	UTP (UTFPR e UFPR)[4]	1	PPG EM DISTÚRBIOS DA COMUNICAÇÃO
	UFSC	1	PPG EM PSICOLOGIA
		1	PPG EM CONTABILIDADE
	UFRGS	1	PPG EM EDUCAÇÃO EM CIÊNCIA
		1	MP EM GESTÃO EDUCACIONAL
	UFSM	1	PPG EM GEOGRAFIA
		1	MP POLÍTICAS PÚBLICAS E GESTÃO EDUCACIONAL
SUDESTE	UFJF	2	MP EM GESTÃO E AVALIAÇÃO EM EDUCAÇÃO PÚBLICA
		1	PPG EM EDUCAÇÃO
	UFMG	1	PPG EM EDUCAÇÃO
	UFSCar	1	PPG EM EDUCAÇÃO ESPECIAL
CENTRO-OESTE	UFG	1	PPG EM DIREITOS HUMANOS
	UFGD	1	PPG EM EDUCAÇÃO

Fonte: BRAGA JUNIOR, 2022.

---

[4] Apesar de a publicação pertencer a um programa de pós-graduação de uma instituição privada de Ensino Superior, o campo de pesquisa foi instituições de Ensino Superior públicas federais.

Com relação aos conteúdos trabalhados nas obras selecionadas, houve uma tendência de estudos investigativos e descritivos de abordagem quanti-qualitativas. Além de estabelecer perfis e diagnósticos, os estudos procuravam avaliar espaços e implementação das políticas de acessibilidade ou inclusão, dando sempre preferência a instrumentos de coleta como entrevistas e questionários, ambos direcionados à percepção dos alunos com deficiência.

Outro ponto que vale ressaltar foi o tratamento dos conceitos de "inclusão" e "acessibilidade". Em muitos momentos, um assumia o significado do outro ou eram usados para designar a mesma coisa, como foi o caso dos conceitos de "acessibilidade" e "acesso". Daí a necessidade de dissertar sobre tais conceitos na introdução deste capítulo para o entendimento das nuances de cada um nas pesquisas.

Braga Junior (2022) também realizou outra pesquisa na base de dados SciELO, com a mesma temática resultando em oito pesquisas para análise. Percebeu-se que quatro delas se referiam à atuação e experiência de profissionais junto aos núcleos de acessibilidade e as outras quatro tratavam de avanços e conquistas na universidade quanto à inclusão. Mais uma vez, "acesso" e "acessibilidade" foram tratados nos trabalhados de maneira genérica e ambígua no que se refere aos seus significados, corroborando a pesquisa anterior.

De acordo com Nogueira *et al.* (2016, *apud* Nogueira e Oliver, 2018, p. 861), foi realizada uma pesquisa de revisão bibliográfica com os Cadernos Brasileiros de Terapia Ocupacional e a Revista de Terapia Ocupacional da Universidade de São Paulo, no período de janeiro de 2010 a junho de 2016, sobre estudos que envolviam temas relacionados à deficiência, abordados por profissionais da área de Terapia Ocupacional, o que resultou em 603 publicações. Após análise, apenas 89 (15%) dessas pesquisas efetivamente abordavam sobre deficiência. Desse total, 29 (29%) dos estudos referiam-se à deficiência e educação formal, e apenas três (0,49%) trabalharam com a temática no Ensino Superior e as percepções de pessoas com e sem deficiência sobre aspectos da acessibilidade física ou atitudinal.

Os resultados de tais investigações nos levam a refletir os estudos e discussões em torno da acessibilidade de pessoas com deficiência no Ensino Superior, partindo de uma condição já estabelecida, em uma ou em várias políticas, que propicia o acesso e a participação dos sujeitos nos processos de inclusão. Trata-se de discutir o desenho universal e suas simbologias, bem como atravessamentos que implicam o processo de in/exclusão, como a desigualdade social e subjetivações que levam a limitações dos sujeitos por sua diferença. Assim, procuramos entender a produção dos saberes e as relações de poder a partir de uma concepção histórica para analisar as práticas atuais de acessibilidade.

Diante disso, apresentamos um quadro produzido por Braga Junior (2022) para conhecermos o percurso das políticas públicas inclusivas no Brasil das últimas décadas e nos ajudarmos a pensar outras possibilidades de acessibilidades.

Quadro 3 – Dispositivos e providências sobre políticas públicas no Ensino Superior voltados às pessoas com deficiência

ANO/GOVERNO	DISPOSITIVO	PROVIDÊNCIA
1999	DECRETO N º 3.296 (ACESSO)	Regulamenta a Lei nº 7.853/1989 e dispõe sobre a Política Nacional para a Integração da Pessoa "Portadora" de Deficiência, trazendo recomendações de adaptações para o processo seletivo das instituições de Ensino Superior para o ingresso das pessoas com deficiência.
2002	LEI Nº 10.436 (ACESSO)	Dispõe sobre a LIBRAS, e quanto ao Ensino Superior, determina que os sistemas educacionais devem garantir a inclusão nos cursos de formação de Educação Especial, de Fonoaudiologia e de Magistério, em seus níveis médio e superior, o ensino da Língua Brasileira de Sinais - Libras, como parte integrante dos Parâmetros Curriculares Nacionais - PCN, conforme legislação vigente

2004	DECRETO Nº 5.296 *(ACESSO _ LEI Nº 10.048)* *(ACESSIBILIDADE_ LEI Nº 10.098)*	Regulamenta as LEIS Nº 10.048/2000, que regula a prioridade de atendimento às pessoas com deficiência, e a de Nº 10.098/2000, que estabelece normas gerais e critérios básicos para a promoção da acessibilidade das pessoas com deficiência ou com mobilidade reduzida. Determina que as instituições de Ensino Superior de qualquer nível, etapa ou modalidade público ou privado proporcione condições de acesso e utilização de todos os seus ambientes as pessoas com deficiência ou mobilidade reduzida, independente da matrícula de estudante com deficiência. Determina ainda, a inclusão de conteúdos temáticos referentes ao desenho universal nos componentes curriculares da educação profissional e tecnológica, e superior dos cursos de Engenharia, Arquitetura e correlatos.
2005	DECRETO Nº 5.626 *(ACESSIBILIDADE)*	Regulamenta a Lei nº 10.436/2002 e o art. 18º da Lei no 10.098/2000, dispondo sobre a formação e certificação do professor, do instrutor e intérprete de LIBRAS, o ensino da língua portuguesa como segunda língua para alunos surdos e a organização da educação bilíngue no ensino regular. Garante que as instituições federais de ensino, devem proporcionar aos alunos surdos os serviços de tradutor e intérprete de LIBRAS - Língua Portuguesa em sala de aula e em outros espaços educacionais, bem como equipamentos e tecnologias que viabilizem o acesso à comunicação, à informação e à educação.

2005	PROGRAMA INCLUIR *(ACESSIBILIDADE)*	Promoção da acessibilidade nas instituições públicas de Educação Superior, garantindo condições de acesso e participação às pessoas com deficiência, através de financiamento por editais, sendo incorporado a partir de 2007 às ações do Plano de Desenvolvimento da Educação – PDE
2006	DECRETO Nº 5.773 *(ACESSIBILIDADE)*	Disposição sobre a regulação, supervisão e avaliação de IES e seus cursos, considerando o PDI como um documento base, devendo especificar, a infraestrutura física, dentre outros, o plano de promoção de acessibilidade e de atendimento prioritário às pessoas com deficiência e/ou mobilidade reduzida.
2007	PLANO NACIONAL DE EDUCAÇÃO EM DIREITOS HUMANOS *(ACESSO E ACESSIBILIDADE)*	Destaca-se ações como: desenvolver políticas estratégicas de ação afirmativa nas IES que possibilitem a inclusão, o acesso e permanência de pessoas com deficiências e aquelas, alvo de discriminação por motivo de gênero, de orientação sexual e religiosa, entre outros e seguimentos geracionais e étnico-raciais; além da Formação continuada.
2008	DECRETO Nº 6.571 *(ACESSIBILIDADE)*	Dispõe sobre o atendimento educacional especializado, estimulando a estruturação de núcleos de acessibilidade nas Ifes, mediante apoio técnico e financeiro do MEC, para a eliminação de barreiras físicas, de comunicação e de informação que impeçam o desenvolvimento dos alunos com deficiência.

2008	POLÍTICA NACIONAL DE EDUCAÇÃO ESPECIAL NA PERSPECTIVA DA EDUCAÇÃO INCLUSIVA *(ACESSO E ACESSIBILIDADE)*	A implementação dessa política no Ensino Superior possibilita a efetivação da Educação Especial por meio de ações de planejamento e organização de recursos e serviços para a promoção de acessibilidade: na arquitetura, nas comunicações, nos sistemas de informação e nos materiais didáticos e pedagógicos, favorecendo o acesso, a permanência e a participação dos alunos em todas as atividades que envolvam o ensino, a pesquisa e a extensão.
2009	DECRETO Nº 6.949 *(ACESSO E ACESSIBILIDADE)*	Promulga como Emenda Constitucional a Convenção sobre os Direitos das Pessoas com Deficiência e de seu Protocolo Facultativo, assegurando o acesso a um sistema educacional inclusivo em todos os níveis por meio de adaptações razoáveis para pessoas com deficiência.
2010	DECRETO Nº 7.234 *(ACESSIBILIDADE)*	Dispõe sobre o Pnaes que tem como objetivo democratizar as condições de permanência dos jovens na Educação Superior Pública Federal, minimizando os efeitos das desigualdades sociais e regionais na permanência e terminalidade no Ensino Superior, reduzindo as taxas de retenção e evasão, promovendo melhoria do desempenho acadêmico e a inclusão social pela educação.
2011	DECRETO Nº 7.611 *(ACESSIBILIDADE)*	Dispõe sobre o atendimento educacional especializado, regulamenta o parágrafo único do art. 60 da Lei nº 9.394/1096 e acrescenta dispositivo ao Decreto nº 6.253/2007, atendendo a todos os níveis, definindo o apoio técnico e o financeiro as ações de atendimento e estruturação de núcleos de acessibilidade nas Ifes.

2011	DECRETO Nº 7.612 *(ACESSO E ACESSIBILIDADE)*	Institui o Plano Nacional dos Direitos da Pessoa com Deficiência – Plano Viver sem Limite com a finalidade de promover, por meio da integração e articulação de políticas, programas e ações, o exercício pleno e equitativo dos direitos das pessoas com deficiência. Esse plano possui quatro eixos de atuação, que são: acesso à educação, atenção à saúde, inclusão social e acessibilidade. Também cria cursos de licenciatura e bacharelado Letras/Língua Brasileira de Sinais (Libras) nas Ifes com reserva vagas para as pessoas surdas.
2013	REFERENCIAIS DE ACESSIBILIDADE NA EDUCAÇÃO SUPERIOR E A AVALIAÇÃO IN LOCO DO SISTEMA NACIONAL DE AVALIAÇÃO DA EDUCAÇÃO SUPERIOR (SINAES) *(ACESSIBILIDADE)*	Esse documento tem por objetivo servir de subsídio para os avaliadores acerca de questões pertinentes à acessibilidade em seus diferentes níveis de ensino.
2015	LEI Nº 13.146 *(ACESSO E ACESSIBILIDADE)*	Institui a Lei Brasileira de Inclusão da Pessoa com Deficiência (Estatuto da Pessoa com Deficiência), ratificando direitos de dispositivos anteriores e dando outras providências no certame da acessibilidade.

2016	LEI Nº 13.409 (ACESSO)	Altera a Lei nº 12.711/2012, para dispor sobre a reserva de vagas para pessoas com deficiência nos cursos técnico de nível médio e superior das instituições federais de ensino. (Estudantes vindos de escolas públicas, de baixa renda, negros, pardos, indígenas e pessoas com deficiência).
2023	LEI Nº 14.723 (ACESSO)	Altera a Lei nº 12.711/2012, para dispor sobre o programa especial para o acesso às instituições federais de educação superior e de ensino técnico de nível médio de estudantes pretos, pardos, indígenas e quilombolas e de pessoas com deficiência, bem como daqueles que tenham cursado integralmente o ensino médio ou fundamental em escola pública.

Fonte: Adaptado de BRAGA JUNIOR, 2022.

Analisando-se o percurso das políticas públicas, demonstrado no Quadro 3, os princípios de acesso e acessibilidade dos dispositivos configuram-se na percepção de igualdade entre os sujeitos, o que implica o reconhecimento e atendimento de suas necessidades. Werneck (2005, p. 23) entende que "não existe democracia sem educação, nem educação sem democracia". Logo, a educação pública no Brasil passa a ser a via de acesso à democracia, a uma sociedade inclusiva, por meio das políticas públicas, que vinham expressando uma Educação Inclusiva, procurando garantir a participação da pessoa com deficiência no que tange aos seus direitos e oportunidades.

O acesso e a acessibilidade constituem-se como direitos fundamentais de qualquer pessoa, inclusive das pessoas com deficiência, com vistas a facilitar a inclusão do sujeito na sociedade e a estabelecer sua cidadania de maneira produtiva e autônoma. Pensar na perspectiva de promover uma educação acessível é, em uma lógica neoliberal, segundo Saraiva e Lopes (2011, p. 19), "não deixar ninguém de fora do jogo", é dar condições de concorrência, de competição, de produção, mediante investimento, o que se coaduna com o discurso democrático de vencer barreiras históricas e culturais a partir da consolidação dos direitos humanos. Porém, como o discurso democrático nem sempre corresponde à prática das relações humanas, alguns sujeitos permanecem à margem de segmentos da sociedade, discriminados e excluídos, em ordenamentos sociais específicos.

O fluxograma do quadro 3, demonstra que o incentivo do direito ao acesso, promovido pelos dispositivos no final da década do século XX, quando se previa a inclusão como um direito, não foi suficientemente potente em termos de governamento, pois os sujeitos ingressavam nos espaços escolares, mas ali não permaneciam o que nos leva a pensar numa lógica de normalização centrada no aluno, operada a partir de uma matriz de poder disciplinar que determina a correção e modificação do sujeito. Logo, a garantia de sua presença na instituição educacional, normalizadora por excelência, foi compreendida como suficiente, mas mostrou-se insuficiente em termos de economia política.

Já na primeira década do século XXl, observa-se estratégias e governamentos voltados a permanência desses sujeitos, agora garantidos nos dispositivos, os quais apresentam um deslocamento na ênfase das ações da inclusão como direito via garantia do acesso, para inclusão como imperativo via garantia de acessibilidade e do estímulo à permanência, com aprendizagem e participação.

Ao pensarmos em outras possibilidades que as políticas produzem, observamos que muitos desses dispositivos tiveram ações concomitantes em todos os níveis de ensino. Porém, quanto ao Ensino Superior, tais políticas materializam-se a partir do financiamento garantido pelo Programa Incluir - Acessibilidade na Educação Superior, inicialmente por chamada de editais, e com sua posterior expansão financeira inserida na matriz orçamentária de todas as universidades públicas federais, tornando-se a principal referência no atendimento dos estudantes com deficiências que ainda não tinham seu ingresso demarcado em lei, mas apenas por iniciativas isoladas. Assim, o Ensino Superior foi o primeiro nível de ensino a receber uma legislação específica na área de acessibilidade às pessoas com deficiência e mobilidade reduzida. Manzini (2008, p. 287) acrescenta: "em termos de acessibilidade, hoje é possível processar, juridicamente [...], incluindo ações impetradas contra universidades no que se refere às questões não cumpridas em termos de normas de acessibilidade".

Portanto, as políticas de acessibilidade voltadas ao Ensino Superior incentivam o acesso das pessoas com deficiência às instituições por meio de recomendações, no governo de FHC, diretrizes, estruturações e financiamento, nos governos de Lula e Dilma. Entretanto, a entrada das pessoas com deficiência no Ensino Superior só se efetiva em uma concepção equitativa de direito e de cunho social a partir do ano de 2016, com a Lei Nº 13.409, que dispõe sobre a reserva de vagas para pessoas com deficiência nos cursos técnico de nível médio e superior das instituições federais de ensino e para estudantes vindos de escolas públicas, de baixa renda, negros, pardos e indígenas. Daí a racionalidade neoliberal operar nas ações como uma estratégia de governamentalidade via educação superior a partir das políticas públicas de inclusão e acessibilidade, contribuindo para permanência, e consequentemente, com a aprendizagem e participação.

Referências

ABNT. NBR 9050. **Norma Brasileira de Acessibilidade de Pessoas Portadoras de Deficiência às Edificações, Espaço Mobiliário e Equipamentos Urbanos**. Rio de Janeiro: Associação Brasileira de Normas Técnicas, 2004a.

BRAGA JUNIOR, Francisco Varder. **Acessibilidade das pessoas com deficiência no ensino superior:** estratégias de governamento e processos de in/exclusão. Tese (Doutorado em Educação) – Programa de

Pós-graduação em Educação, Universidade de Santa Cruz do Sul. Santa Cruz do Sul, p. 110. 2022.

BRASIL. Ministério da Educação. Lei nº 9.394 de 20 de dezembro de 1996. Estabelece as Diretrizes e Bases da Educação Nacional. **Diário Oficial da União**. Brasília, DF, 1996. Disponível em: http://www.planalto.gov.br/ccivil_03/leis/l9394.htm. Acesso em: 10 mar. 2021.

BRASIL. Presidência da República. Decreto nº 5.296, de 2 de dezembro de 2004. Regulamenta as Leis nos 10.048, de 8 de novembro de 2000, que dá prioridade de atendimento às pessoas que especifica, e 10.098, de 19 de dezembro de 2000, que estabelece normas gerais e critérios básicos para a promoção da acessibilidade das pessoas portadoras de deficiência ou com mobilidade reduzida, e dá outras providências. **Diário oficial da União**. Brasília, 2004b. Disponível em: http://www.planalto.gov.br/ccivil_03/_ato2004-2006/2004/decreto/d5296.htm. Acesso em: 10 mar. 2021.

BRASIL. **Constituição da República Federativa do Brasil de 1988.** Brasília: Senado Federal, 2006.

BRASIL. Presidência da República. Decreto nº 6.096, de 24 de abril de 2007. Institui o Programa de Apoio a Planos de Reestruturação e Expansão das Universidades Federais – REUNI. **Diário Oficial da União**. Brasília, 2007. Disponível em: http://www.planalto.gov.br/ccivil_03/_ato2007-2010/2007/decreto/d6096.htm. Acesso em: 25 jun. 2019.

BRASIL. Ministério do Planejamento, Orçamento e Gestão. Instituto Brasileiro de Geografia e Estatística. **Censo Demográfico**: Características gerais da população, religião e pessoas com deficiência. Brasília, 2010a. Disponível em: http://biblioteca.ibge.gov.br/visualizacao/periodicos/94/cd_2010_religiao_deficiencia.pdf. Acesso em: 10 maio 2019.

BRASIL. Ministério da Educação. **Coordenação de Aperfeiçoamento de Pessoal de Nível Superior Plano Nacional de Pós-Graduação – PNPG 2011-2020.** Coordenação de Pessoal de Nível Superior. – Brasília, DF: Capes, 2010b.

BRASIL. Ministério da Educação. Instituto Nacional de Estudos e Pesquisas Educacionais Anísio Teixeira Diretoria de Avaliação da Educação Superior Coordenação-Geral de Avaliação de Cursos de Graduação e IES. **Referenciais de acessibilidade na Educação Superior e a avaliação in loco do sistema nacional de avaliação da Educação Superior (SINAES)**, 2013. Disponível em: http://portal.inep.gov.br/documents. Acesso em: 10 jan. 2020.

FOUCAULT, Michel. The Concern for Truth. *In:* KRITZMAN, Lawrence D. (ed.) **Politics, philosophy, culture**: interviews and other writings 1977-1984. Transl. Alan Sheridan *et al*. New York: Routledge, 1988.

MANZINI, Eduardo José. Acessibilidade: um aporte na legislação para o aprofundamento do tema na área de educação. *In:* BAPTISTA, Cláudio Roberto; CAIADO, Kátia Regina Moreno; JESUS, Denise Meyrelles de (org.). **Educação especial**: diálogo e pluralidade. Porto Alegre: Ed. Mediação, 2008. p. 281-289.

NOGUEIRA, Lilian de Fátima Zanoni; OLIVER, Fátima Corrêa. Núcleos de acessibilidade em instituições federais brasileiras e as contribuições de terapeutas ocupacionais para a inclusão de pessoas com deficiência no Ensino Superior. **Cad. Bras. Ter. Ocup.** São Carlos, v. 26, n. 4, p. 859-882, 2018.

SARAIVA, Karla; LOPES, Maura Corcini. Educação, inclusão e reclusão. **Currículo sem Fronteiras**, v.11, n.1, p. 14-33, jan/jun, 2011.

WERNECK, Cláudia. **Ninguém mais vai ser bonzinho, na sociedade inclusiva**. Rio de Janeiro: WVA, 2005.

CAPÍTULO 4

ACESSIBILIDADE UNIVERSAL: CONCEITOS, PERSPECTIVAS E POSSIBILIDADES

A Lei nº 13.146/2015 (LBI) faz um compilado dos documentos e define os termos: *acessibilidade, desenho universal, tecnologias assistivas* e *barreiras*. Também ratifica, em seu art. 8º, do Capítulo II, que é dever do Estado assegurar à pessoa com deficiência, com prioridade, a efetivação dos direitos referentes à acessibilidade. No Capítulo IV, art. 28, inciso II, fala sobre o aprimoramento dos sistemas educacionais quanto à oferta de serviços e de recursos de acessibilidade para eliminação de barreiras, de maneira a promover a inclusão plena. Dá ainda outras providências sobre orientações e normas para manutenção, construção e acesso à informação e comunicação.

A LBI define barreiras como sendo:

> [...] qualquer entrave, obstáculo, atitude ou comportamento que limite ou impeça a participação social da pessoa, bem como o gozo, a fruição e o exercício de seus direitos à acessibilidade, à liberdade de movimento e de expressão, à comunicação, ao acesso à informação, à compreensão, à circulação com segurança, entre outros (BRASIL, p. 29, 2015).

E classifica-as em:

> a) barreiras urbanísticas: as existentes nas vias e nos espaços públicos e privados abertos ao público ou de uso coletivo;

b) barreiras arquitetônicas: as existentes nos edifícios públicos e privados;

c) barreiras nos transportes: as existentes nos sistemas e meios de transportes;

d) barreiras nas comunicações e na informação: qualquer entrave, obstáculo, atitude ou comportamento que dificulte ou impossibilite a expressão ou o recebimento de mensagens e de informações por intermédio de sistemas de comunicação e de tecnologia da informação;

e) barreiras atitudinais: atitudes ou comportamentos que impeçam ou prejudiquem a participação social da pessoa com deficiência em igualdade de condições e oportunidades com as demais pessoas;

f) barreiras tecnológicas: as que dificultam ou impedem o acesso da pessoa com deficiência às tecnologias (BRASIL, 2015, p. 29).

De acordo com Manzini (2006), a acessibilidade não significa apenas a participação das pessoas com deficiência em atividades ou o uso de serviços e acesso à informação. Ela é um produto de transformação do ambiente, implicando mudanças na organização espacial, física, pedagógica e administrativa, bem como no atendimento, atitudes e comportamento, assim diminuindo os efeitos sociais constituídos pela deficiência. Nessa perspectiva, o termo acesso ganha sentido de luta por direitos, e o de acessibilidade, de participação social, pois, com o imperativo da inclusão instaurado pelo Estado nos últimos anos, a acessibilidade não mais se associa a barreiras arquitetônicas ou físicas e passa a compor o conceito de cidadania, com direitos a serem ratificados e limites a serem superados.

Butler (2015), na obra *Quadros de guerra: quando a vida é passível de luto?*, discute conceitos, como os de precariedade e de reconhecimento. Ela evidencia enquadramentos da ideia do "humano" e sua relação com as operações de poder, enfatizando que o "ser do corpo" está sempre entregue a outros, à norma, a organizações sociais e políticas, sendo, portanto, um ser dependente. O sistema, na tentativa de maximizar a precariedade para alguns, minimiza a precariedade para outros, o que configura esse movimento em um processo de in/exclusão. A autora relaciona a precariedade à condição precária de vida e traz para discussão a ontologia social, cujos esquemas normativos são interrompidos uns pelos outros, emergindo e desaparecendo, dependendo das operações mais amplas de poder e fazendo com que sujeitos que não são reconhecíveis como sujeitos participem ou não do processo de reconhecimento. O reconhecimento é um ato que implica convenções, das quais depende a condição de ser reconhecido. Logo, é a norma que determina o reconhecimento a partir do enquadramento. Nem todos os atos de conhecer são atos de reconhecimento e participação social, pois a norma recorre a esquemas variáveis de inteligibilidade, certificados e/ou legalizados, para legitimar a vida ou a morte dos sujeitos, o que nos faz olhar para a teoria do reconhecimento e atentar aos limites de matrizes normativas individualizantes.

Butler (2018) trabalha também com o termo mobilização, que contribui com esta discussão por designar um sentido operativo de mobilidade do sujeito, envolvendo seu direito e o suporte necessário para movimentar-se. A autora ainda ressalta que "a mobilidade é em si mesma um direito do corpo, mas é também uma precondição para o exercício de outros direitos, incluindo o próprio direito de assembleia" (BUTLER, 2018, p. 154). Sob essa perspectiva, podemos pensar que a acessibilidade passa a ser um direito necessário para que aconteça a mobilidade e torna-se parte da ação, e não apenas um suporte específico. Os espaços precisam estar isentos de obstruções, assédios, detenções administrativas ou medo de injúria ou morte.

Ao alargarmos o processo de compreensão e argumentação para a questão da acessibilidade como quesito básico e necessário de direito de circulação e cidadania plena, compreendemos, a partir de Butler (2018), em *Corpos em aliança e a política das ruas: notas para uma teoria performativa de assembleia*, que "[...] a nossa precariedade depende em grande medida da organização das relações econômicas e sociais, da presença ou ausência de infraestruturas e de instituições sociais e políticas de apoio" (BUTLER, 2018, p. 80). A autora analisa as assembleias públicas como forma de mobilização política, propondo-nos repensar as políticas públicas como espaços de reconstrução do conceito de comum e acessível, uma vez que não haverá democracia enquanto nem todos os corpos puderem transitar com liberdade. Ela defende a precariedade como uma categoria que engloba mulheres, *queers* e transgêneros, abrangendo também pobres, pessoas com deficiência, migrantes e minorias religiosas e raciais, sendo dada pela condição social e econômica, e não pela identidade, pois "transcende todas essas classificações e produz alianças potentes entre os que não se reconhecem como membros de uma mesma categoria" (p. 63).

Mais especificamente no campo das deficiências, Sassaki (2005) explicita seis tipos de acessibilidade, a saber:

1. A acessibilidade arquitetônica, direcionada às barreiras ambientais;

2. A acessibilidade comunicacional, que trata do manejo da comunicação no que diz respeito às formas de linguagem;

3. A acessibilidade metodológica, que compreende a diversificação de métodos e técnicas de trabalho, bem como o desenvolvimento de recursos humanos;

4. A acessibilidade instrumental, dirigida à eliminação de barreiras dos instrumentos de trabalho;

5. A acessibilidade programática, que aborda barreiras invisíveis, ou seja, negligenciadas nos documentos legais;

6. A acessibilidade atitudinal, que combate os preconceitos, estigmas, estereótipos e discriminações afins.

Olhar para as condições de acessibilidade nos espaços educacionais pode gerar um alerta para as dificuldades e exclusões daqueles que têm sido privados de seus direitos fundamentais, mesmo diante de documentos legais e de políticas públicas. Iniciativas inclusivas locais podem produzir efeitos que promovam a equidade nas relações educacionais e sociais, visto que o alargamento no conceito de acessibilidade extrapola a ideia de ingresso aos ambientes, atravessando os direitos e autoafirmando-se como uma inclusão social e econômica presente nos espaços e práticas de resistência aos efeitos de exclusão e/ou normatização. Nesse sentido, os processos de in/exclusão podem ser minimizados, a ponto de eliminar marcadores que segregam, discriminam e classificam os sujeitos nas suas características e necessidades. Daí a importância de estarmos atentos à acessibilidade como um todo, pois questões pedagógicas, instrumentais, metodológicas, atitudinais e comunicacionais podem ser bem exploradas e trabalhadas no nosso dia a dia, não só em sala de aula, mas em todos os espaços da instituição educacional, de maneira que envolva todos os atores no processo de incluir.

Para Covington e Hannah (1997), o alcance de uma sociedade mais inclusiva é cunhado na ideia da participação de todos, a qual se coaduna com o conceito de Design Universal[5] ou Projeto Universal. Um projeto universal considera a acessibilidade voltada, principalmente, para as pessoas com deficiência ou mobilidade reduzida. Sua função não é criar produtos específicos, pois não se trata de exclusividade, e sim, contemplar todas as singularidades dos sujeitos no mesmo espaço social. Segundo Covington e Hannah (1997), trata-se da ideia de que todas as pessoas deveriam ter acesso a tudo, durante o tempo todo. Daí esses autores considerarem três fatores fundamentais a serem seguidos: conforto, segurança e autonomia, para que se chegue a uma conscientização social sem cristalizar determinadas estruturas como exclusivas ou específicas de determinadas pessoas.

---

[5] *Design universal* foi usado por Ronald Mace para contemplar suas ideias quanto ao desenvolvimento de produtos e ambientes agradáveis esteticamente e usáveis por todas as pessoas, o máximo possível, independentemente de idade, habilidade ou status social, sem a necessidade de adaptação ou design especial. Para Mace (1998), universal e livre de barreiras são coisas diferentes, já que um projeto livre de barreiras é dirigido especificamente às pessoas com necessidades especiais, e não a todas as pessoas.

Conforme Carletto e Cambiaghi (2016, p. 7), os sete princípios do Desenho Universal são:

- IGUALITÁRIO - Uso equiparável (para pessoas com diferentes capacidades);
- ADAPTÁVEL - Uso flexível (com leque amplo de preferências e habilidades);
- ÓBVIO - Simples e intuitivo (fácil de entender);
- CONHECIDO - Informação perceptível (comunica eficazmente a informação necessária);
- SEGURO - Tolerante ao erro (que diminui riscos de ações involuntárias);
- SEM ESFORÇO - Com pouca exigência de esforço físico;
- ABRANGENTE - Tamanho e espaço para o acesso e o uso.

A Lei Brasileira de Inclusão (LBI), instituída em 2015, traz a definição de desenho universal no seu art. 3º, item II: "concepção de produtos, ambientes, programas e serviços a serem usados por todas as pessoas, sem necessidade de adaptação ou de projeto específico, incluindo os recursos de tecnologia assistiva". A partir de então, instala-se uma política, por parte do Estado, de recursos e formação nas diretrizes curriculares das instituições, contemplando conteúdos referentes ao desenho universal; há fomento e financiamento de pesquisas que contemplam essa temática, o que nos leva a pensar na captura de sujeitos por uma estratégia de governamentalidade.

Condições são criadas, medidas são implantadas, e símbolos internacionais são divulgados nos espaços, com o intuito de identificar a acessibilidade aos serviços, espaços e equipamentos. A sinalização deve ser afixada em local visível ao público, sendo utilizada principalmente nas entradas, nas áreas e vagas de estacionamento de veículos, áreas acessíveis de embarque/desembarque e sanitários. Os acessos que não apresentam tais condições devem possuir informação visual indicando a localização do acesso mais próximo (ABNT NBR 9050, 2006).

A ABNT NBR9050 (2006) traz o conceito de Rota Acessível como sendo "o trajeto contínuo, desobstruído e sinalizado que conecta os ambientes externos ou internos de espaços e edificações e que possa ser utilizado de forma autônoma e segura por todas as pessoas, inclusive aquelas com deficiência".

Duarte e Cohen (2006, p. 3) ampliam essa proposta como:

> [...] percurso livre de qualquer obstáculo de um ponto a outro (origem e destino) e compreende uma continuidade e abrangência de medidas de acessibilidade. Ou seja: para que consideremos uma escola acessível, de nada adianta, por exemplo, assinalar a existência de uma "rampa" e uma "biblioteca onde as prateleiras têm altura adequada" se entre um e outro existir um acesso com roleta ou uma porta giratória. A "Rota Acessível" tem sido considerada como fator preponderante para a classificação de espaços inclusivos.

Ao direcionarmos mais atenção à Rota Acessível produzida pelas políticas públicas, podemos resistir às classificações e, por consequência, às exclusões, o que nos instiga a encontrar outros caminhos ou outras formas de convívio nessa proposta de sociedade inclusiva.

Para cada barreira, uma acessibilidade. Nesse contexto, as práticas ditas inclusivas circulam no meio da ação política, garantindo o direito dos sujeitos, muitas vezes empreendidos em uma lógica econômica de capital humano, valorizando as diferenças naquilo que pode favorecer a mobilidade do mercado. Desse modo, os discursos sobre a inclusão aparecem aí, quase sempre,

> [...] preservando sua lava funcionalista e, principalmente, centrando-se no apelo à garantia de condições (econômicas, de acessibilidade, de igualdade

> étnico-racial, de gênero, etc.) para intervir sobre o ambiente a fim que de cada um possa empreender sobre si mesmo, algo que geralmente se faz pelo investimento educacional recebido tanto da escola quanto da família (PAGNI, 2019, p. 22).

Problematizar esse presente é colocar em exercício uma racionalidade que nos permite olhar para as relações de poder alimentadas por uma biopolítica de manutenção e proteção da vida. Isso não quer dizer ser contra a acessibilidade ou a inclusão, mas manter-se atento ao que estamos fazendo dessa ideia. As diferenças conectam-se e multiplicam-se a partir da experimentação de si e com os outros, extravasando os compartimentos e escapando das grades, de um ponto de vista ético-estético-político.

Nessa perspectiva, podemos observar nas estruturas e nos espaços das universidades, a compreensão que se tem sobre acessibilidade nos quais mostram concepções integrativas, inclusivas e específicas, assim como segregadoras, as quais, ainda, demarcam e limitam as possibilidades dos sujeitos com deficiência pela sua condição, infringindo seus direitos no que se refere ao acesso e à circulação e, consequentemente, segundo Butler (2018), o direito de exercer outros direitos, como a participação social e política.

Assim, é notória uma acessibilidade nos ambientes universitários de forma não planejada e produtiva, como uma espécie de prestação de contas social para um determinado público, e não como uma utilidade comum a todos os sujeitos, o que demonstra a dificuldade de uma Rota Acessível ser posta em prática, observando que o conceito de Desenho Universal não é entendido ou distorcido, pois não contempla todas as singularidades, e sim, especificidades, ratificadas e praticadas pela presença de simbologias excludentes (COVINGTON; HANNAH, 1997). Contudo, pontos de inclusão e exclusão encontram-se e constituem-se no mesmo espaço, delimitando os espaços, separam e classificam os sujeitos, dificultando sua performatividade política, bem como suas possibilidades de circulação e manifestação.

Butler (2018) ajuda-nos a pensar que a inclusão dos sujeitos se fixa no reconhecimento e no aparecimento de grupos já contemplados em uma proposição universal, o que ratifica a exclusão, que opera de acordo com a forma performativa de poder, diferentemente da desigualdade social e da discriminação negativa. Ainda segundo Butler (2018, p. 92), "o corpo é uma precondição de qualquer ato de protesto político". Portanto, não deve ser entendido como mero instrumento de ação política, mas como um lugar de resistência e de possibilidade, por performar significados políticos de luta na conquista de direitos frente à sua precarização.

Nesse sentido, para as diferenças se conectarem e se multiplicarem, a partir da experimentação de si e com os outros, extravasando os compartimentos e escapando das grades, sob uma perspectiva ética-estética-política é necessário termos uma acessibilidade constituída sem demarcação, com circulação e utilidade desse espaço comum a todos, sem restrição e especificidade.

Vale a pena mencionar mais uma vez Foucault (1996, p. 114) quando chama de "reclusão de exclusão", em termos históricos e institucionais, e semelhantemente ao que Veiga-Neto e Lopes (2007) fizeram quando expuseram a transição da concepção de "reclusão de exclusão" para a de "reclusão de inclusão" ou "reclusão de normalização", para nos atentarmos a um deslocamento dessa reclusão para uma possível "reclusão da diferença", não mais pautada na deficiência. Segundo Braga Junior (2022), é possível visualizar um deslocamento de uma subjetividade constituída na deficiência para uma subjetividade constituída na diferença, o que poderia ser fruto de espaços e práticas de resistência aos efeitos de exclusão e normatização produzidos por condutas e contracondutas, diante dos governamentos, considerando-se a potência política da diferença possibilitada pelas políticas inclusivas.

Abramowicz, Rodrigues e Cruz (2011) mencionam que existe indiferenciação conceitual entre diferença e diversidade, o que esconde as desigualdades e, fundamentalmente, as diferenças. Ainda de acordo com as autoras, "diversidade é a palavra-chave da possibilidade de ampliar o campo do capital que penetra cada vez mais em subjetividades antes intactas. Vendem-se produtos para as diferenças, é preciso neste sentido incentivá-las" (ABRAMOWICZ; RODRIGUES; CRUZ, 2011, p. 91).

O uso da palavra diferença nesta obra tem caráter produtivo, modificador de espaços e de condições de participação social. Também está atento aos mais variados estudos, das diversas áreas, sobre cultura, tendo o cuidado em não contribuir com o esvaziamento conceitual da palavra frente concepções teóricas, de semântica, práticas sociais e governamentos. Este estudo procura evitar a dicotomia, o dualismo e as generalizações de sentidos, como: universal, específico, singular, plural, comum, local, etc. Esta obra opera na contramão dos achados de Rodrigues e Abramowicz (2013), quando declaram que os programas de Governos Brasileiros, analisados nos últimos 20 anos, vêm promovendo um governamento, referente à cultura, no qual se procura manter o caráter global e, ao mesmo tempo, o caráter local, ou seja, passa a ideia de pertencimento a todos os sujeitos, e dá ênfase às identidades ao mesmo tempo, sob o uso da nomenclatura diversidade.

De acordo com Moehlecke (2009), no primeiro mandato do Governo Lula, a criação e atribuição da Secretaria de Educação Continuada, Alfabetização e Diversidade (Secad) explicitou o entendimento da diversidade a partir de uma visão crítica das políticas de diferença, porém, com a Secretaria de Educação Superior (Sesu), utilizava em seus programas a ideia de diversidade como política de inclusão e/ou ação afirmativa. Já a Secretaria de Educação Básica (SEB) atribuía, em seus documentos e programas, a premissa de inclusão social e de diferença como valorização e tolerância à diversidade cultural. Assim, as compreensões de diversidade e diferença ainda são múltiplas, ora se alternando, ora se articulando no exercício das secretarias. Observa-se que a própria Secad, depois que se tornou a Secretaria de Educação Continuada, Alfabetização, Diversidade e Inclusão (Secadi), foi excluída do organograma do MEC, indicando o não lugar da diversidade nas políticas educacionais vigentes.

De acordo com Rito (2015, p. 193),

> [...] aquilo que servia para discriminar é tido como atributo pessoal e, dessa forma, digno de respeito. Modificaram-se os argumentos e os encaminhamentos para as diferenças. Mas o critério das distinções continua o mesmo: um corpo portador de direito de se desenvolver plenamente.

Assim, o mercado é a solução encontrada pelo neoliberalismo para regular todas as diferenças, conforme aponta Lagasnerie (2013, p. 65): é "colocar em primeiro plano as noções de 'diversidade' e 'multiplicidade' e estabelecer como objetivo a criação de dispositivos que permitam proteger e fazer proliferar as diferenças".

Nessa direção, a Organização das Nações Unidas (ONU), em 2015, desenvolveu o símbolo chamado *"The Accessibility"*, uma figura simétrica conectada por quatro pontos a um círculo, representando a harmonia entre o ser humano e a sociedade. Essa figura com os braços abertos simboliza a inclusão das pessoas com qualquer característica em todos os serviços e lugares. O logotipo de acessibilidade foi criado por grupos focais internacionais sobre acessibilidade no Secretariado da ONU, com a participação de organizações da sociedade civil, incluindo as organizações das pessoas com deficiência, tais como: Pessoas com Mobilidade Reduzida Internacional do Povo (idosos, gestantes, obesos, etc), o Disability Alliance International, Rehabilitation International, Leonard Cheshire Internacional e Human Rights Watch, entre outros. O propósito é simbolizar produtos, lugares e serviços, bem como promover o entendimento da sociedade sobre a participação e direitos das pessoas com deficiência, demonstrando acessibilidade a todos, e não exclusividade a alguns (ONU, 2015).

Apesar dessa obra mostrar-se atento às questões demarcatórias, classificatórias, discriminatórias e de exclusividade representadas por símbolos que caracterizam especificidades humanas, tal iniciativa vem reforçar um argumento do deslocamento da deficiência para a diferença. Diante dessa sugestão da ONU, é possível a substituição de símbolos segregadores, em uso na atualidade, como o símbolo internacional de acesso e suas derivações, para as pessoas com deficiência nos espaços e serviços públicos.

No Brasil, a Comissão de Constituição e Justiça e de Cidadania da Câmara dos Deputados (CCJ) aprovou, em 2017, o projeto de Lei n º 7.750 com o intuito de obrigar o uso do símbolo internacional de acessibilidade da ONU para identificar todos os serviços e locais acessíveis às pessoas com deficiência. O projeto ainda dispõe que o poder executivo promova campanhas quanto ao conhecimento e significado do símbolo para toda a população, em três anos, a partir da data da sanção, e que o Conselho Nacional de Trânsito (Contran) regule a substituição das atuais placas de sinalização e atualize o material de referência e de ensino que envolva a sinalização de estacionamentos (BRASIL, 2017).

É nessa perspectiva que Pagni (2019, p. 54) afirma que

> [...] a questão daqueles e daquilo que neles resistem são tão importantes e positivas, embora socialmente possam não ser vistas assim, quanto às relações de poder que os assujeitam, já que são formas de ação de não apenas se sujeitar a, como também ser agente, ativo, potente, subjetivando seus modos de ser e de existir, que podem ou não afrontar os existentes.

Ao considerar a diferenciação ética sem demarcações e limitações trazidas com a participação social dos sujeitos com deficiência, sua performatividade política se faz possível frente a uma mobilização, ou melhor, acessibiliza(ação) comum a todos, fazendo um acontecimento a partir das práticas de inclusão construídas de um modo espontâneo por formas de ampliação e resistência, apesar das políticas públicas de inclusão em curso. Podem-se, pois, considerar como uma possibilidade de contraconduta as formas simbólicas e os imperativos morais e econômicos que tornam os sujeitos assujeitados, os quais singularizam e demarcam sua presença nos espaços da sociedade e da vida.

Essa perspectiva, nos possibilita pensarmos como a diferença pode ser entendida nos espaços educacionais, na medida em que estruturas se tornam comuns a todos, sem demarcações, restrições ou especificações, o que favorece a mobilidade. Símbolos são modificados ou eliminados, na mesma proporção em que o atendimento educacional especializado, a flexibilização e o diagnóstico são cada vez mais exigidos.

Com relação a esses marcadores, há um apagamento em curso para especificidades e características tidas como deficientes em relação a espaços, mobilidade e relações, ao mesmo tempo em que recursos especializados são exigidos por direito e forma de apoio para compor a autonomia dos sujeitos. Essa via de duplo sentido talvez seja fruto da aliança das políticas inclusivas com as práticas em Educação Especial constituídas ao longo dos anos. Segundo Souza (2014), as estruturas contribuem para a produção dos sujeitos e modos de subjetivação.

Apesar de os corpos continuarem marcados com alguns recursos que lhes são necessários para serem seres produtivos e competitivos e, com isso, atenderem à lógica neoliberal vigente, sua presença também estabelece relações capazes de modificar o meio, além de usufruírem de sua cidadania plena. Assim, os marcadores de acessibilidade que cristalizam diferenças entre os sujeitos no ambiente educacional e limitam o acesso, os direitos e a participação política e social são apagados, reafirmando a diferença na sua singularidade e potência, criando outras possibilidades de existência e convívio, mesmo que esses sujeitos necessitem de um recurso a mais do que os outros. É por meio dessas conquistas e resistências diárias dadas pelas relações dos sujeitos que acreditamos que se possa estabelecer uma ética para garantir a presença desses corpos quando o capital humano a ser investido se mostrar insuficiente para a lógica neoliberal.

Segundo Butler (2015, p. 100), "[...] a maneira como formulamos críticas morais e articulamos análises políticas depende de certo campo de realidade perceptível já ter sido estabelecida".

Assim, podemos observar que existem marcadores constituídos nas políticas públicas de inclusão, em particular na acessibilidade, que cristalizam diferenças entre os sujeitos no ambiente educacional e limitam não só o acesso, mas a participação política e social perante seus direitos. Por outro lado, se evidencia a potência da diferença, possibilitada pelas políticas inclusivas nesse espaço, como práticas de resistência aos efeitos de in/exclusão e processos de normalização.

Referências

ABNT. Associação Brasileira de Normas Técnicas. **Manual de recepção e acessibilidade de pessoas portadoras de deficiência a empreendimentos e equipamentos turísticos.** 2 ed. São Paulo, 2006.

ABRAMOWICZ, Anete; RODRIGUES, Tatiane Cosentino; CRUZ, Ana Cristina Juvenal da. A diferença e a diversidade na educação. **Revista Contemporânea**, n. 2, p. 85-97, jul./dez. 2011.

BRASIL. Presidência da República. Lei nº 13.146, de 6 de julho de 2015. Institui a Lei Brasileira de Inclusão da Pessoa com Deficiência (Estatuto da Pessoa com Deficiência). **Diário Oficial da União.** Brasília, 2015. Disponível em: http://www.planalto.gov.br/ccivil_03/_ato2015-2018/2015/lei/l13146.htm. Acesso em: 11 mar. 2021.

BRASIL. Câmara dos Deputados. Projeto de Lei nº 7.750, de 31 de maio de 2017. **Dispõe sobre a utilização do símbolo internacional de acessibilidade; modifica a Lei nº 7.405, de 12 de novembro de 1985, e dá outras providências.** Brasília: Câmara dos Deputados, 2017. Disponível em: https://www.camara.leg.br/proposicoesWeb/fichadetramitacao?idProposicao=2139808. Aceso em: 4 set. 2022.

BUTLER, Judith. **Quadros de guerra**: quando a vida é passível de luto. Rio de Janeiro: Civilização Brasileira, 2015.

BUTLER, Judith. **Corpos em aliança e a política das ruas**: notas para uma teoria performativa em assembleia. Trad. MIGUENS, Fernanda Siqueira. Rio de Janeiro: Civilização Brasileira, 2018.

CARLETTO, Ana Claudia; CAMBIAGHI Silvana. **Desenho Universal**: um conceito para todos. São Paulo: Company, 2016. Disponível em: https://www.maragabrilli.com.br/wp-content/uploads/2016/01/universal_web-1.pdf. Acesso em: 26 mar. 2021.

COVINGTON, George. A.; HANNAH, Bruce. **Access by Design**. John Wiley & Sons, 1997.

DUARTE, Cristiane Rose; COHEN, Regina. **Research and Teaching of Accessibility and Universal Design in Brazil**: hindrances and challenges in a developing country, 2006.

FOUCAULT, Michel. **A verdade e as formas jurídicas**. Rio de Janeiro: NAU, 1996.

LAGASNERIE, Geoffroy de. **A última lição de Michel Foucault**. São Paulo: Três Estrelas, 2013

MACE, Ronald. **A Perspective on Universal Design, Designing for the 21st Century**: An International Conference on Universal Design, 1998. Disponível em: http://www.adaptenv.org/examples/ronmaceplenary98.php?f=4. Acesso em: 15 jan. 2021.

MANZINI, Eduardo José. (org.) Inclusão e Acessibilidade. Marilia: ABPEE, 2006.

MOEHLECKE, Sabrina. As políticas de diversidade na educação no governo Lula. **Cadernos de Pesquisa**, São Paulo, v. 39, n. 137, maio/ago. 2009.

ORGANIZAÇÃO DAS NAÇÕES UNIDAS (ONU). **Símbolo Internacional de Acessibilidade**. Nova Iorque, ONU, 2015. Disponível em: https://www.un.org/dgacm/en/content/accessibility. Acesso em: 4 set. 2022.

PAGNI, Pedro Angelo. **Biopolítica, deficiência e educação**: outros olhares sobre a inclusão escolar. São Paulo: Editora Unesp Digital, 2019. Disponível em: www.editoraunesp.com.br. Acesso em: 5 maio 2022.

RITO, Marcelo. **Carne recortada, almas expostas**: da visualização escolanovista à utopia do homem aprimorável. Tese (Doutorado em Educação). Programa de Pós-Graduação em Educação. São Paulo: USP, 2015.

RODRIGUES, Tatiane Cosentino; ABRAMOWICZ, Anete. O debate contemporâneo sobre a diversidade e a diferença nas políticas e pesquisas em educação. **Educ. Pesqui.**, São Paulo, v. 39, n. 1, p. 15-30, jan/mar. 2013.

SASSAKI, Romeu K. **Inclusão**: construindo uma sociedade para todos. Rio de Janeiro: WVA, 2005.

SOUZA, Camilo Darsie. **Educação, Geografia e Saúde:** geobiopolíticas nos discursos da Organização Mundial da Saúde e a produção da mundialidade pelo controle e prevenção de doenças [tese]. Porto Alegre: Universidade Federal do Rio Grande do Sul, 214.

VEIGA-NETO, Alfredo; LOPES, Maura Corcini. Inclusão e governamentalidade. **Educ. Soc.**, Campinas, v. 28, n. 100 - Especial, p. 947-963, out. 2007.

CAPÍTULO 5

TENTATIVAS DE ESVAZIAMENTO DO IMPERATIVO DA INCLUSÃO

Na atualidade, têm sido questionados a direção e os efeitos que o imperativo da inclusão vem tomando enquanto política de Estado. Segundo Carvalho e Gallo (2020, p. 147), "desde 2016, emergiu uma enunciação visando a combater as experiências e as teorias educativas voltadas para as diferenças e as políticas afirmativas de inclusão social". Silva (2021) menciona uma governamentalidade advinda de um neoliberalismo conservador, em uma fusão com governos autoritários que vêm fazer contraponto ao processo de redemocratização e inclusão social que teve como ponto de partida os anos de 1990, com o governo de FHC, em consonância com as políticas inclusivas em todo o mundo nas últimas décadas, o que o Gallo (2017, p. 85) conceituou de "a governamentalidade democrática".

Seguindo a lógica da crítica política contemporânea, o Estado desconsidera a multiplicidade, privilegia as teorias normativas e prioriza o conceito de razão em seus dispositivos e governamentos. Segundo Brasil (2008), a Educação Especial foi organizada como atendimento educacional especializado substitutivo ao ensino comum, levando à criação de instituições e classes especiais no Brasil. Por isso, a necessidade de uma Política Nacional de Educação Especial na Perspectiva da Educação Inclusiva para problematizar estruturas adaptativas e corretivas que pautam a deficiência na sua diferença, em vez de incluir os sujeitos de maneira participativa e democrática.

A Educação Especial é um modo de ensino que perpassa todos os níveis, etapas e modalidades, realiza o atendimento educacional especializado, disponibiliza os serviços e recursos próprios desse atendimento e orienta os alunos e seus professores quanto à sua utilização nas turmas comuns do ensino regular (BRASIL, 2008). Logo, as Diretrizes da Política Nacional de Educação Especial na Perspectiva da Educação Inclusiva exigem uma atuação pedagógica para alterar a situação de exclusão, enfatizando a importância de ambientes heterogêneos que promovam a aprendizagem de todos os alunos, o que implica mudanças de currículo, postura profissional, metodológicas, sociais, etc.

Questionar a lógica do binômio "normal/anormal" nos espaços educacionais e sociais pode produzir outras formas de lidar com as identificações e promover as condições de acessibilidade sem demarcações, ou seja, viver a diferença, e não com a diferença. Isso possibilita que desapareçam os marcadores que cristalizam estruturas para os sujeitos e que a acessibilidade desenvolva seu papel, sem individualização. Hillesheim e Cappellari (2019, p. 44), em um texto no qual discutem os efeitos do discurso sobre inclusão na mídia, atentam para essa questão ao dizerem que "existe um aspecto a que todas as campanhas confluem: elas se destinam aos sujeitos tidos como diferentes, sendo que a diferença é compreendida dentro de uma lógica de normalidade/anormalidade".

Para Kraemer e Thoma (2018, p. 561),

> [...] a governamentalidade biopolítica na qual se inscreve a inclusão escolar tem na acessibilidade sua principal estratégia para efetivar uma política econômica e social que conte com a participação de todos, ainda que isso não capture a todos.

As autoras reafirmam a acessibilidade como um direito a ser garantido, conforme expresso na Constituição de 1988, em seu art. 227, que possibilita as condições de acesso e de participação para todos os sujeitos. Elas comungam com este estudo na perspectiva de que a acessibilidade sofre um alargamento em seu entendimento, tornando-se um imperativo de Estado como condição de inclusão.

Como tal, requer a constituição de um modo de vida adequado às regras do mercado, pois isso tem implicações nos modos de vida das pessoas com deficiência quanto às suas aprendizagens, potencialidades e competências individuais (KRAEMER; THOMA, 2018).

Como é possível visualizar no Quadro 3 (capítulo 3), esse cenário de produção e implementação de políticas públicas inclusivas, principalmente no campo da educação, paralisa no governo Michel Temer, ou seja, no período de 31 de agosto de 2016 a 31 de dezembro de 2018. Têm então início a precarização e os cortes nas universidades e na área social, além da aprovação de várias medidas na área econômica, como o controle dos gastos públicos, por intermédio da PEC 55, que impôs limites a gastos futuros do governo federal, a reforma trabalhista de 2017 e a liberação da terceirização para atividades-fim com a Lei da Terceirização.

Em 2019, inicia-se o governo Bolsonaro, sendo observada a continuidade da perda de potência no imperativo da inclusão nos governamentos do Estado, porém, sem ignorar o processo de in/exclusão nas suas ações para alguns grupos. Segundo Carvalho e Gallo (2020, p. 147), o novo Governo imediatamente

> [...] suprimiu a Secretaria de Educação Continuada, Alfabetização, Diversidade e Inclusão – SECADI. No dia 9 de outubro do mesmo ano, o Governo Federal vetou o projeto de lei nº. 3.688/2000 que dispunha sobre a prestação de serviços de psicologia e de serviço social nas redes públicas de educação básica.

Desse modo, uma espécie de governamentalidade neoliberal conservadora passa a operar com um regime autoritário. Intensificam-se suas estratégias de ataque à democracia e de precarização em 2020, com a emergência da pandemia de covid-19, cujos efeitos trágicos em números de mortes acabaram sendo potencializados no país em função dessas estratégias do governo Bolsonaro.

A partir de uma orientação política de extrema direita, tal governo embasa-se nos princípios do que se tem chamado de neoliberalismo contemporâneo, fortalecendo os discursos em defesa da prioridade da saúde econômica do país em detrimento da saúde da população. Assim, passamos a ser geridos sob uma lógica necropolítica, conceito proposto pelo filósofo camaronês Achille Mbembe. Para Mbembe (2018), a necropolítica[6] é uma forma de poder que determina quem pode viver e quem deve morrer, o que indica uma inversão na ênfase do biopoder (FOUCAULT, 2008), cuja gestão do Estado, operada a partir da relação "fazer viver e deixar morrer", direcionando-se à potencialização da vida. No Estado necropolítico, o "deixar morrer" passa a ser foco das ações de Governo, em uma espécie de desejo de limpeza da população, especialmente porque não são todas as vidas que são passíveis de abandono e morte. As vidas sujeitadas ao "deixar morrer" são aquelas que colocam em risco a saúde das relações econômicas, são elas: vidas precarizadas, vidas deficientes, vidas improdutivas, vidas incapazes de concorrência, de consumo, de produção.

Lockmann (2020a, p. 1) discute a configuração atual de uma "governamentalidade neoliberal fascista, a qual mantém princípios do neoliberalismo, mas, ao mesmo tempo, coloca em operação tanto um fascismo molar (estatal) quanto molecular (microfascismos do cotidiano)". A autora também faz uma problematização de como essa governamentalidade incide sobre o

---

[6] Achille Mbembe, filósofo camaronês, publica em 2003 um ensaio chamado "Necropolítica", no qual desenvolve o conceito de necropolítica a partir de reflexões sobre os conceitos de biopoder e biopolítica apresentados e desenvolvidos por Michel Foucault em suas obras. Nesse ensaio, Mbembe avança nas discussões de biopoder e biopolítica quando introduz a questão colonial, o sistema escravocrata e o modelo de *plantation* como elementos fundamentais para entender tanto a biopolítica quanto a necropolítica. Segundo Lima (2018), o conceito de necropolítica provoca um deslocamento de análise das noções de biopoder/biopolítica por sair de uma centralidade europeia para pensarmos as formas de poder não apenas nos contextos pós-coloniais de Áfricas, mas também nos processos de colonização, descolonização e nos traços de colonialidade que ainda imperam em contextos latino-americanos, caribenhos e brasileiros. Assim, promove uma mudança tanto analítica quanto na forma de olharmos para alguns processos históricos que têm nos contextos europeus o foco territorial e a primazia analítica dos eventos, fornecendo ferramentas epistemológicas e metodológicas que nos permitem ler e analisar fenômenos contemporâneos marcados pelas opressões e violências.

direito à escolarização de todos no tempo presente, apontando dois movimentos: o uso dos princípios neoliberais da liberdade individual e de responsabilização dos sujeitos e a constituição da exclusão como um direito por meio dos discursos e dispositivos.

Nesse sentido, há uma intencionalidade inclusiva em operação; no entanto, não mais com vistas à inclusão de todos, mas apenas daqueles cujo capital humano é capaz de atender às demandas do mundo neoliberal. Assim, a escola comum, constituída por sujeitos diversos, passa a ser vista como um problema para a produção das subjetividades que interessam ao mercado. Isso porque, como argumenta Pagni (2019a), corpos com deficiência podem provocar insurgência, dada a sua condição de ingovernáveis – daí a intensificação de ações de governamento separando os alunos e os espaços de aprendizagem.

O Decreto Nº 10.502/2020, revogado, que institui a Política Nacional de Educação Especial: Equitativa, Inclusiva e com Aprendizado ao Longo da Vida, viola a proteção dos direitos humanos e as liberdades fundamentais, discrimina e exclui a pessoa com deficiência, fere sua dignidade humana, nega-lhe acessibilidade e desrespeita a determinação de que o sistema educacional inclusivo seja estabelecido em todos os níveis e modalidades. No seu art. 2º, item II, coloca a Educação Bilíngue de Surdos como modalidade escolar disponível apenas em escolas bilíngues de surdos e em classes bilíngues de surdos nas escolas regulares inclusivas. No item V, traz a percepção de que "a educação não acontece apenas no âmbito escolar, e de que o aprendizado pode ocorrer em outros momentos e contextos, formais ou informais, planejados ou casuais, em um processo ininterrupto". Os itens VI, VII, VIII e IX apresentam as "escolas especializadas, classes especializadas, escolas bilíngues de surdos e classes bilíngues de surdos" como sendo instituições ou partes de instituições de ensino voltadas para um público específico. No Capítulo V, quando trata "dos serviços e dos recursos da educação especial", as "classes especializadas" e as "escolas especializadas" são consideradas como serviço educacional. Já o

Capítulo VII, item III, trata de definições de critérios de identificação e acolhimento para determinados educandos.

De acordo com esse pensamento, também circula outras proposições como o Parecer 50, de 2023, do Conselho Nacional de Educação e o Projeto de Lei 3.035/2020, ambos, não homologados, distorcem a Política de Nacional de Educação Especial na perspectiva da Educação Inclusiva. Esses dispositivos sobrepõem conhecimentos médicos aos pedagógicos, focam na deficiência do sujeito e não nas barreiras ao seu entorno, segregando-os por características. Assim, o parecer 50 ao tratar da educação das pessoas com transtorno do espectro autista coloca a "superação das características prejudiciais ao seu desenvolvimento motor e cognitivo" (CNE, 2023, p. 13) como algo a ser resolvido no sujeito e não como um modo de existência que seja legitimado por práticas que acolhe a todos.

Tais condutas vão no contrafluxo de toda a legislação aqui exposta, principalmente no que se refere a condutas jurídicas formuladas na Constituição Brasileira e na Convenção sobre os Direitos das Pessoas com Deficiência, da qual o Brasil é signatário, tendo-a como norma constitucional, e na Lei Brasileira de Inclusão da Pessoa com Deficiência na sua plenitude.

Segundo Gallo (2017), as legislações anteriores a esses dispositivos constituíam-se em uma razão política que o autor denomina de "governamentalidade democrática", colocada em curso desde a década de 1980, centrada na afirmação e na promoção da cidadania. A argumentação que se vinha tecendo nesta obra sobre a inclusão como um imperativo de Estado sofre, pois, uma reconfiguração quanto às estratégias de governamento, que passam a operar com ideias reducionistas, segregacionistas e discriminatórias. Como podemos resistir a essas práticas de governamento que capturam e precarizam a vida, produzindo práticas mais atentas ao singular e à diferença?

Cabe-nos entender e fazer resistência, pois, conforme Foucault (2004, p. 262), "devemos não somente nos defender, mas também nos afirmar, e nos afirmar não somente enquanto identidades, mas enquanto força criativa".

Segundo Butler (2018, p. 218),

> [...] se resistir é dar lugar a um novo modo de vida, a uma vida mais vivível que se oponha à distribuição diferenciada da precariedade, então os atos de resistência serão uma forma de dizer não a um modo de vida que ao mesmo tempo diz sim a outro modo distinto.

As resistências que surgem em meio a relações e governamentos podem dificultar a produção de certas subjetividades, pois, no momento em que escapam, produzem as diferenças, as quais não poderão ser representadas por um desenho pronto ou específico, mas provavelmente poderão ser sentidas na relação das experiências. Nesse sentido, Schöpke (2004, p. 80) considera a diferença "não como um dado concreto, mas uma pura relação".

Lockmann (2020b) aponta esse movimento que estamos vivendo no Brasil, atualmente, como sendo uma reconfiguração da inclusão como imperativo de Estado. A exclusão reaparece como uma das estratégias de governamento dos sujeitos na condição de direito e liberdade de escolha. Daí a inclusão configurar-se como um *ethos* (maneira de ser) constituído pelo pensamento neoliberal, porém, em novos contornos, que atravessam os sujeitos pelos discursos e práticas excludentes.

Nesse sentido, o pensamento de Butler sobre política de gênero e direito de aparecer possibilita-nos reflexões acerca de normas que ferem a dignidade humana de determinados grupos e colocam em risco, muitas vezes, a capacidade de viver e desfrutar dos direitos de cidadãos de forma plena. É o que promove o Decreto nº 10.502/2020, por exemplo, quando segrega estudantes com deficiência a um determinado tipo de serviço e espaço, esvaziando o sentido do "universal", por limitar esses sujeitos a esquemas de poder que qualificam quem pode e quem não pode aparecer, alegando princípios como proteção e bem-estar.

Segundo Butler (2018, p. 63), o "modelo de patologização também trabalha para minar o movimento político por garantia de direitos, uma vez que a explicação sugere que tais minorias [...] precisem de tratamento em vez de direitos". Por essa razão, faz-se necessário pontuar que a noção de precariedade não se aplica só ao campo dos estudos de gênero; ela colabora para o entendimento das vidas precarizadas no mundo contemporâneo. Basta olharmos para o investimento que é feito pelas universidades do seu orçamento próprio voltado para a acessibilidade que nos damos conta com a falta de iniciativa para a inclusão.

O orçamento voltado para acessibilidade nas IES na atualidade inicia-se com o Programa Incluir, mas de forma restrita, uma vez que não alcançava todas as universidades, por sua oferta ser feita mediante chamadas públicas de edital específico, ocorrendo desde 2005, seguindo esse formato até 2011. Conforme descrito no Documento de Orientações Programa Incluir – Acessibilidade na Educação Superior, foi a partir do ano de 2012 que se iniciou o apoio aos projetos das Instituições Federais de Ensino Superior (Ifes) com suporte financeiro diretamente na matriz orçamentária das universidades, com a finalidade de institucionalizar as ações de acessibilidade na Educação Superior por meio dos Núcleos de Acessibilidade, estruturando-se nos seguintes eixos: infraestrutura, currículo, comunicação e informação, programas de extensão e pesquisa. Logo,

> O financiamento das condições de acessibilidade deve integrar os custos gerais com o desenvolvimento do ensino, pesquisa e extensão. As IES devem estabelecer uma política de acessibilidade voltada à inclusão das pessoas com deficiência, contemplando a acessibilidade no plano de desenvolvimento da instituição; no planejamento e execução orçamentária; no planejamento e composição do quadro de profissionais; nos projetos pedagógicos dos cursos; nas condições de infraestrutura arquitetônica; nos serviços de atendimento

ao público; no sítio eletrônico e demais publicações; no acervo pedagógico e cultural; e na disponibilização de materiais pedagógicos e recursos acessíveis (BRASIL, 2013, p. 12).

Ainda com relação ao Documento de Orientações Programa Incluir – Acessibilidade na Educação Superior, este se encerra da seguinte forma:

> VIII - Indicadores do Programa Incluir - acessibilidade na Educação Superior
>
> Indicador de Impacto Quantidade de estudantes com deficiência matriculados por ano nas universidades que possuem Núcleos de Acessibilidade instalados;
>
> Indicador de Meta Quantidade de Núcleos de Acessibilidade implantados;
>
> Indicadores de Processo Quantidade de recursos financeiros investidos Número de projetos elaborados;

Para Thoma e Kraemer (2017, p. 13), "as atuais políticas de inclusão tornam-se uma estratégia de controle e regulação dos sujeitos para pôr em funcionamento um Estado que se caracteriza como neoliberal". Em uma perspectiva biopolítica, o Estado utiliza-se de mecanismos empresariais, como índices a serem alcançados, metas a serem cumpridas, uso de escala de satisfação, avaliações e monitoramentos frente aos incentivos realizados e agenciamento às instituições de ensino, na busca de incluir sujeitos para produzir subjetividades que se constituam como capazes de participar e contribuir na sociedade de forma autônoma, empreendedora e produtiva.

Na atualidade, o recurso do Programa Incluir está imbricado no Programa Nacional de Assistência Estudantil (Pnaes), criado pelo Decreto n.º 7.234/2010, com a finalidade de propiciar e fortalecer condições de permanência e diminuir os impactos das desigualdades sociais e regionais dos estudantes até a conclusão dos seus cursos por meio de ações que lhes prestem assistência em várias áreas, a saber:

> I - moradia estudantil; II - alimentação; III - transporte; IV - atenção à saúde; V - inclusão digital; VI - cultura; VII - esporte; VIII - creche; IX - apoio pedagógico; e X - acesso, participação e aprendizagem de estudantes com deficiência, transtornos globais do desenvolvimento e altas habilidades e superdotação (BRASIL, 2010, p. 1).

Se considerarmos que pobreza e deficiência têm uma relação intrínseca; que, entre as pessoas mais pobres do mundo, 20% têm algum tipo de deficiência; e que a ONU (2015, p. 8) afirma que "80% da população com deficiência no mundo vivem na pobreza", perceberemos que essa realidade se replica no Brasil, principalmente, na região Nordeste, onde os dados revelam baixo Índice de Desenvolvimento Humano (IDH). Assim, a maioria das universidades não tem um apoio financeiro institucional referente às ações de inclusão além daquilo que estar pactuado na matriz orçamentária pelo Programa Incluir dentro do Pnaes.

O acesso e a permanência de estudantes configuram-se atrelados a questões que impedem os estudantes com deficiência de serem incluídos nas políticas ditas inclusivas apenas por sua condição, pois os condicionam a outros critérios de inclusão. Para melhor entendimento, a Lei 13.409/2016, que dispõe do acesso das pessoas com deficiência nas universidades públicas federais, garante esse direito somente para os estudantes com deficiência oriundos de escolas públicas e/ou de baixa renda.

Nesse sentido, a problematização das políticas públicas se faz necessária para provocar outras formas de pensar diante dos tensionamentos de forças que constituem as relações de poder. Ao expor os mecanismos de poder e os processos de subjetivação que eles produzem, possibilitamos resistência a esse movimento de estar incluído e excluído ao mesmo tempo, pois as histórias que evidenciam processos de exclusão são estratégias políticas que operam de formas distintas sobre a condução de condutas dos sujeitos.

De acordo com Klein (2021, p. 118),

> [...] a in/exclusão torna-se um movimento de luta constante, que se abre para negociação, aproximação e questionamentos sobre determinadas práticas, vistas apenas como includentes e como solução para questões de outras ordens — históricas, políticas, sociais, econômicas etc.

A permanência segue essa mesma perspectiva, segundo Braga Junior (2022), ao analisar documentos de uma universidade federal do nordeste do Brasil que dispõe sobre a criação do Programa Institucional de Assistência Estudantil (PIAE), observa-se que o Auxílio Acessibilidade consiste em

> [...] subvenção financeira, com periodicidade de desembolso mensal, destinado a discentes com deficiência, transtornos globais do desenvolvimento, altas habilidades e superdotação", seja condicionado ao estudante "ter renda familiar per capita de até um salário mínimo e meio de referência nacional" (BRAGA JUNIOR, 2022, p. 95).

Os efeitos dessa forma de inclusão podem ou não ser frutos das políticas públicas, pois o que se vê é uma concorrência entre especialistas para desenvolver o melhor modelo de acessibilidade, programa de adaptação de conteúdos curriculares, métodos de ensino, estratégias didáticas e de avaliação para atender às políticas do Estado, que, no fundo, são capitaneadas pelo mercado privado. É uma negligência com os espaços e práticas de resistência aos efeitos de exclusão e normatização, ignorando as possibilidades de criação a partir da experimentação de si e com os outros perante as diferenças.

Pagni (2019b, p. 92) argumenta que,

Dessa perspectiva hegemônica, o que escapa ao formalmente instituído pela lei, pelos saberes especializados e pelas tecnologias oficializadas ou reconhecidas como as melhores, para essa adaptação funcional desses indivíduos e para o controle biopolítico de suas vidas, designadas de deficientes, raramente é levado em conta.

Em uma tentativa de ressignificar a acessibilidade, o acesso pode até ser negado por meio de documentos do Estado, dependendo do projeto de governo, mas a acessibilidade, na condição de disponibilidade social, configura-se hoje, no mundo, como um imperativo em ação na sociedade que se entrelaça a uma matriz de inteligibilidade, o neoliberalismo. O sujeito com deficiência encontra-se em plena ação, fazendo valer seus direitos, constituindo-se sujeito e cidadão, ocupando cada vez mais os espaços e serviços. Contudo, é necessário ainda o movimento de muitos sujeitos sem deficiência nessa mesma direção para efetivar a acessibilidade como uma ação coletiva, colocando em movimento uma engrenagem única no que tange a um processo de acessibilizar, a fim de provocar mudanças de condutas educacionais, culturais e sociais.

Portanto, a operacionalização da inclusão das pessoas com deficiência, não só no Ensino Superior, mas na sociedade como um todo, requer ainda políticas públicas que implementem uma consciência humana e consolidem vivências na diferença a partir de investimentos, gestão, justiça e cidadania. Nesse sentido, a acessibilidade pode ser o fio condutor desse processo para tecer uma rede de acessos sem demarcações, com circulação plena e participação equitativa para a construção de representatividades pautadas na singularidade, e não na diferença.

Portanto, em direção à desnaturalização dos fenômenos sociais, problematizar o imperativo da inclusão e o investimento em capital humano é expor uma sociedade onde existem desigualdades sociais, o que implica pontos de partida diferenciados, com ou sem oportunidade, principalmente no que tange às pessoas com deficiência. E isso não é culpa exclusiva dos indivíduos, tal como apregoa o discurso neoliberal; antes, deve-se à falta de políticas mais inclusivas e concretas, pois, por muito tempo, o imperativo da inclusão serviu de agente à matriz neoliberal diante de seus elementos constituintes, como: o capital humano, a educação, a participação social, o empreendedorismo de si e a própria constituição do *Homo economicus*. No entanto, por tratar-se de uma matriz de inteligibilidade moldável à dinâmica social e política, o neoliberalismo reconfigura-se para manter seus patamares econômicos junto a governos autoritários e excludentes, contribuindo na produção de efeitos como exclusão, precarização e violência.

Referências

BRAGA JUNIOR, Francisco Varder. **Acessibilidade das pessoas com deficiência no ensino superior**: estratégias de governamento e processos de in/exclusão. 2022. 110 f. Tese (Doutorado em Educação) – Programa de Pós-Graduação em Educação, Universidade de Santa Cruz do Sul, Santa Cruz do Sul, 2022.

BRASIL. Ministério da Educação. Secretaria de Educação Especial. **Política Nacional de Educação Especial na Perspectiva da Educação Inclusiva**. Brasília, DF: SEESP, 2008. Disponível em: http://portal.mec.gov.br/arquivos/pdf/politicaeducespecial.pdf. Acesso em: 11 mar. 2021.

BRASIL. Presidência da República. Decreto n.º 7.234, de 19 de julho de 2010. Programa Nacional de Assistência Estudantil – PNAES. **Diário Oficial da União**. Brasília, DF: MEC, 2010. Disponível: file:///C:/Users/varder/Desktop/projeto%20x/pnaes.pdf. Acesso em: 5 maio 2022.

BRASIL. Ministério da Educação. Secretaria de Educação Superior - SESU e a Secretaria de Educação Continuada, Alfabetização, Diversidade e Inclusão – SECADI. Documento Orientador Programa Incluir - Acessibilidade Na Educação Superior. **Diário Oficial da União**. Brasília, 2013. Disponível em: http://portal.mec.gov.br/index.php?option=com_docman&view=-download&alias=13292-doc-ori-progincl&category_slug=junho-2013-pdf&Itemid=30192. Acesso em: 5 de maio 2022.

BRASIL. Ministério da Educação. Conselho Nacional de Educação. Ministério da Educação. **Parecer CNE/CP nº 50/2023, de 5 de dezembro de 2023**. Orientações Específicas para o Público da Educação Especial: Atendimento de Estudantes com Transtorno do Espectro Autista (TEA). Brasília, CNE, 2023. Disponível em: chrome-extension://efaidnbmnnnibpcajpcglclefindmkaj/http://portal.mec.gov.br/index.php?option=com_docman&view=download&alias=254501-pcp050-23&category_slug=-dezembro-2023-pdf&Itemid=30192. Acesso em: 26 jun. 2024.

BUTLER, Judith. **Corpos em aliança e a política das ruas**: notas para uma teoria performativa em assembleia. Trad. MIGUENS, Fernanda Siqueira. Rio de Janeiro: Civilização Brasileira, 2018.

CARVALHO, Alexandre Filordi de; GALLO, Silvio D. de Oliveira. **Foucault e a governamentalidade democrática**: a questão da precarização da educação inclusiva. Mnemosine, v.16, n. 1, p. 146-160 (2020).

FOUCAULT, Michel. **Uma entrevista**: sexo, poder e a política da identidade. **Verve**, v. 5, p. 260-277, 2004.

FOUCAULT, Michel. **Segurança, Território, População**. Trad. Eduardo Brandão. São Paulo: Martins Fontes, 2008.

GALLO, Silvio. Biopolítica e subjetividade: resistência? **Educar em revista**, v. 66, p. 77-94, 2017.

HILLESHEIM, Betina; CAPPELLARI, Amanda. Vamos ser inclusivos/as? Campanhas na mídia e produção de verdades sobre inclusão. **Estudos e pesquisas em Psicologia**. v. 19, n. 1 (2019). Disponível em: https://www.epublicacoes.uerj.br/index.php/revispsi/article/view/43005/29716. Acesso em: 26 mar. 2021.

KLEIN, Rejane Ramos. Uma agenda para o debate sobre a escola inclusiva. In: LOPES, Maura Corcini; LOUREIRO, Carine Bueira (org.). **Inclusão, aprendizagem e tecnologias em educação**: pensar a educação no século XXI. São Paulo: Pimenta Cultural, 2021.

KRAEMER, Graciele Marjana; THOMA, Adriana da Silva. Acessibilidade como Condição de Acesso, Participação, Desenvolvimento e Aprendizagem de Alunos com Deficiência. **Psicologia: Ciência e Profissão**, v. 38, n. 3, p. 554-563, Jul/Set, 2018.

LOCKMANN, Kamila. Governamentalidade neoliberal fascista e o direito à escolarização. **Práxis Educativa**, Ponta Grossa, v. 15, e2015408, p. 1-18, 2020a. Disponível em:file:///C:/Users/varder/Downloads/15408Texto%20do%20artigo209209227000-1-10-20200618.pdf. Acesso em: 26 abr. 2022.

LOCKMANN, Kamila. As reconfigurações do imperativo da inclusão no contexto de uma governamentalidade neoliberal conservadora. **Pedagogia y saberes**, n. 52, p. 67-75, 2020b.

MBEMBE, Achille. **Necropolítica**: biopoder, soberania e estado de exceção, política da morte. São Paulo: n-1 edições, 2018.

ORGANIZAÇÃO DAS NAÇÕES UNIDAS (ONU). **Transformando Nosso Mundo: a Agenda 2030 para o desenvolvimento sustentável**. Rio de Janeiro: Centro de Informação das Nações Unidas para o Brasil, 2015. Disponível em: https://brasil.un.org/sites/default/files/2020-09/agenda2030-pt-br.pdf. Acesso em: 5 maio 2022.

PAGNI, Pedro Angelo. Entre o governo das diferenças e o ingovernável dos corpos: possibilidades de resistências em educação. **Educação e Filosofia**, Uberlândia, v. 33, n. 68, p. 563-590, maio/ago. 2019a.

PAGNI, Pedro Angelo. **Biopolítica, deficiência e educação**: outros olhares sobre a inclusão escolar. São Paulo: Editora Unesp Digital, 2019b. Disponível em: www.editoraunesp.com.br. Acesso em: 5 maio 2022.

SCHÖPKE, Regina. **Por uma filosofia da diferença**: Gilles Deleuze, o pensador nômade. Rio de janeiro: Contraponto; São Paulo: Edusp, 2004.

SILVA, Mozart Linhares da. Educação e inclusão no contexto do "neoliberalismo conservador" no Brasil. **Revista Brasileira de História & Ciências Sociais –RBHCS**, v.13, n. 27, p. 149-166, Jul/Dez, 2021.

THOMA, Adriana da Silva; KRAEMER, Graciele Marjana. **A educação de pessoas com deficiência no Brasil:** políticas e práticas de governamento. Curitiba: Appris Editora, 2017.

CAPÍTULO 6

FORMAÇÃO CONTINUADA NA PERSPECTIVA DA EDUCAÇÃO INCLUSIVA

Nas últimas décadas, observou-se uma pressão sobre as instituições de ensino para adequar seus processos educativos às normas do mercado. Programas de formação continuada são incitados por meio de competições institucionais, colocando as instituições de Educação Pública reféns de parcerias público-privadas para alcançar os parâmetros estipulados nos dispositivos de segurança da matriz de interesse e com isso, os professores têm investido cada vez mais em suas carreiras.

Logo, o Estado passa a operar suas políticas públicas, tendo a educação como elemento básico e atuando pelos dispositivos legais para incluir grupos antes excluídos. Desse modo, as políticas públicas de inclusão educacional podem ser entendidas como estratégias da governamentalidade do Estado moderno, e a economia é o fator norteador dos poderes e das condutas humanas.

Na lógica dessa razão, faz-se necessário o investimento na população por meio de políticas públicas para que todos os cidadãos possam ser inseridos no mercado, podendo competir. Desse modo, os processos de governamento passam a ser constituídos pelo mercado econômico, instituições, relações entre indivíduos e Estado, e a inclusão passa a ser interesse do sistema e responsabilidade de todos.

Diante desse contexto, a direção analítica desse estudo coloca em evidência algumas ferramentas conceituais dos estudos de Michel Foucault, dispositivos de segurança e governamentalidade, como possibilidade para compreendermos como as transformações sociais das últimas décadas têm constituído sujeitos criativos e inovadores capazes de dar conta das emergências do presente.

Segundo Saraiva (2010, p. 128),

> A governamentalidade representa uma racionalidade, um modo de dar razões a algo que se estende bem além do governo estatal. A racionalidade governamental é constituída a partir de práticas discursivas e não discursivas que circulam no tecido social, tocando o governo de um Estado e, ao mesmo tempo, retornando ao tecido social, ou seja, um modo de compreender o mundo.

Essas ferramentas analíticas propõem novas formas de problematizar o campo da Educação para ressignificar e compreender como uma racionalidade política, o neoliberalismo, se tornou uma matriz de inteligibilidade para pensarmos em práticas educativas e sociais contemporâneas voltadas para a produção dos sujeitos ao ponto de sugerir uma proposta de formação que atenda ao imperativo de inovação e criação na Educação que se instala. Diante disso, é importante entender como o fazer docente se constituiu dentro de uma lógica neoliberal ao ponto de provocar mudanças nas condutas de professores diante desafios e necessidades que contemplem a educação e o mercado, tendo a tecnologia como ferramenta de apoio.

Dessa forma, procuramos problematizar essa conjuntura socioeconômica no âmbito da Política de Formação Continuada para professores da rede pública de ensino e sua articulação com a Educação Especial na perspectiva da Educação Inclusiva e a universidade, com o intuito de analisar possibilidades de novas práticas docentes a partir de uma valoração de uma experiência prática e uma análise reflexiva que proporcione um significado coletivo dentro de uma lógica neoliberal. Logo, o objetivo dessa pesquisa foi investigar a constituição da prática docente dos professores da Educação Básica da rede pública a partir de índices e relatos em cursos de formação continuada fomentados pelo Ministério da Educação - MEC.

Foucault (2008a), desenvolve o conceito de governamentalidade como um conjunto de práticas de governamento que têm na população seu objeto, na economia seu saber mais importante e nos dispositivos de segurança seus mecanismos básicos. Tudo isso se torna possível por meio de dispositivos de segurança e de controle da população com o uso da estatística, da comunicação, do *marketing*, ou seja, de discursos e práticas de intervenção a partir de saberes. Os dispositivos de segurança são empregados para manutenção da vida da população em função do interesse da matriz de inteligibilidade para quem governa. Dessa forma, esses dispositivos podem ter viés, jurídico, econômico, educacional, social, etc., visando produzir sujeitos com características compatíveis com a sociedade do presente.

Para contextualizar a direção dessa discussão, apontamos o estímulo às políticas neoliberais que foi dado pelo governo de Fernando Henrique Cardoso - FHC, registando mudanças na regulação e nas condutas dos agentes sociais. No campo da Educação, essas regulações deram origem às várias políticas curriculares, a saber: Parâmetros Curriculares Nacionais, Lei de Diretrizes e Bases e Plano Nacional de Educação.

É notório nesses documentos, como no Planejamento Político Estratégico (PPE, 1995-1998) do governo FHC, a tendência ao desejo, ao consumo e a competição, fundamentos neoliberais ancorados em experiências de outros países fomentados por agências internacionais. É nesse governo, ainda, que ocorre o enquadramento da Educação Brasileira numa governamentalidade neoliberal, produzindo *rankings* e competição entre si, com a criação dos processos de avaliação em larga escala como Prova Brasil, Provinha Brasil, Exame Nacional do Ensino Médio (Enem), que, a partir de estatísticas, cria-se o Índice de Desenvolvimento da Educação Brasileira (Ideb).

Na prática, essa racionalidade neoliberal se efetivou na Educação Básica a partir do governo FHC por meio desses documentos e encontrou terreno fértil no governo Lula o qual seguiu com outras políticas públicas como o Fundo de Manutenção e Desenvolvimento da Educação Básica (Fundeb), o Programa de Apoio a Planos de

Reestruturação e Expansão das Universidades Federais (Reuni) e a Universidade Aberta do Brasil (UAB).

Com a efetivação dessas políticas, os investimentos na Educação começam a ganhar corpo através de ações, com a ampliação de vagas para as instituições públicas de ensino superior e a reformulação do sistema de crédito educativo para o ensino superior privado. A primeira é feita mediante o Reuni, em 2008; a segunda se dá por meio das políticas do Programa Universidade para Todos (Prouni) e do Fies. De acordo com Pimentel (2015), o Governo Lula teve como pauta a redução das desigualdades educacionais ocasionadas por arrochos econômicos dos governos anteriores o que caracteriza investimento nos sujeitos para que possam ter condição de competir.

Nesse sentido, o segundo mandato do governo Lula continuou com a ampliação do ensino superior dando continuidade ao Prouni, criando novos Institutos Federais - IFs, novas universidades e ampliando o número de vagas nas Universidades Federais existentes, além de aprovar a Reforma Universitária e desenvolver o Plano Nacional de Pós-Graduação e o Sistema Nacional de Avaliação do Ensino Superior (Sinaes).

As Diretrizes Curriculares Nacionais para a formação continuada de professores da rede pública de ensino foram definidas pelo MEC na Resolução Nº 2, de 1º de julho de 2015. E no seu Capítulo II, art. 5, inciso IV, e traz concepções da lógica neoliberal para a constituição de professores empreendedores quando acentua características empresariais:

> [...] às dinâmicas pedagógicas que contribuam para o exercício profissional e o desenvolvimento do profissional do magistério por meio de visão ampla do processo formativo, seus diferentes ritmos, tempos e espaços, em face das dimensões psicossociais, histórico-culturais, afetivas, relacionais e interativas que permeiam a ação pedagógica, possibilitando as condições para o exercício do pensamento crítico, a resolução de problemas, o trabalho coletivo e interdisciplinar, a criatividade, a inovação, a liderança e a autonomia; (BRASIL, 2015, p.).

Dessa forma, os professores são convocados a conduzirem suas práticas pedagógicas a partir dessa lógica de mercado, vivenciando processos de objetivação e subjetivação docente como professores-empresas.

Foucault (2008b, p. 310), trata essa questão como

> [...] uma concepção do capital-competência, que recebe, em função de variáveis diversas, certa renda que é um salário, uma renda-salário, de sorte que é o próprio trabalhador que aparece como uma espécie de empresa para si mesmo. [...] Uma economia feita de unidades-empresas, uma sociedade feita de unidades-empresa.

Segundo Gadelha Costa (2009), esses sujeitos devem constituir características como senso de responsabilidade, proatividade, polivalência e capacidade de adaptação a mudanças, além da capacidade de incentivar mudanças. Ao contextualizar a Educação na lógica do mercado, Biesta (2013) nos apresenta uma linguagem de transação econômica na qual o aluno é visto como consumidor, o professor e/ou a instituição de ensino é o provedor e a Educação se torna a mercadoria. E nessa perspectiva, o imperativo que reina é que precisamos de escola, docentes e currículos personalizados e flexíveis para suprir as necessidades de sujeitos consumidores.

Nessa direção, a Política de Educação Especial na perspectiva inclusiva se expandia em todo território nacional, com o intuito de capacitar professores da rede pública de ensino para atuarem nas salas de recursos multifuncionais, que se instalavam nas escolas públicas com a finalidade de atender estudantes com deficiências os quais passaram a ser incluídos nas escolas a partir de dispositivos legais.

Diante de uma perspectiva histórica da inclusão e de governamentos, na qual se estabelecem marcos e dispositivos legais referentes aos direitos das pessoas com deficiência no Brasil e no mundo, propõe-se um quadro ilustrativo na tentativa de produzir um melhor entendimento de como se constituiu o cenário para a Política de Formação Continuada em Educação Inclusiva.

Quadro 1 – Dispositivos e providências sobre políticas públicas voltados às pessoas com deficiência

ANO	DISPOSITIVO	PROVIDÊNCIA
1996	LEI DE DIRETRIZES E BASES DA EDUCAÇÃO NACIONAL: Nº 9394	Estabelece as diretrizes e bases da Educação Nacional, atribuindo à responsabilidade aos municípios brasileiros a universalização da educação para os cidadãos de zero a quatorze anos e a Educação Especial passa ser uma modalidade de ensino, preferencialmente na rede regular de ensino com atendimento especializado para o público alvo.
2008	POLÍTICA NACIONAL DE EDUCAÇÃO ESPECIAL NA PERSPECTIVA DA EDUCAÇÃO INCLUSIVA	Assegura a inclusão escolar de alunos com deficiência e altas habilidades/superdotação, garantindo o acesso ao ensino regular através da transversalidade da modalidade de educação especial desde a Educação Infantil até a Educação Superior; oferta do atendimento educacional especializado; formação de professores para o atendimento educacional especializado e demais profissionais da educação para a inclusão; acessibilidade arquitetônica, nos transportes, nos mobiliários, nas comunicações e informação; e articulação intersetorial na implementação das políticas públicas.
2009	RESOLUÇÃO CNE/CEB Nº 04	Institui as Diretrizes Operacionais para o Atendimento Educacional Especializado – AEE na Educação Básica. Este documento determina o público alvo da educação especial, define o caráter complementar ou suplementar do AEE, prevendo sua institucionalização no projeto político pedagógico da escola.

2011	DECRETO Nº 7.611	Dispõe sobre o atendimento educacional especializado, regulamenta o parágrafo único do art. 60 da Lei nº 9.394/1096 e acrescenta dispositivo ao Decreto nº 6.253/2007, atendendo a todos os níveis, definindo o apoio técnico e o financeiro as ações de atendimento e estruturação de núcleos de acessibilidade nas Ifes.
2012	LEI Nº 12.764	Cria a Política Nacional de Proteção dos Direitos da Pessoa com Transtorno do espectro Autista, além de consolidar um conjunto de direitos, esta lei em seu artigo 7º, veda a recusa de matrícula às pessoas com qualquer tipo de deficiência e estabelece punição para o gestor escolar ou autoridade competente que pratique esse ato discriminatório.
2015	LEI Nº 13.146	Institui a Lei Brasileira de Inclusão da Pessoa com Deficiência (Estatuto da Pessoa com Deficiência).

Fonte: Adaptado de BRAGA JUNIOR, 2022.

No que tange à educação, a Constituição Brasileira de 1988 já assegurava a todos, a igualdade de condições para o acesso e a permanência na escola (Art. 206, inciso I), enfatizando a prática do atendimento educacional especializado para alunos com deficiência na rede regular de ensino de acordo com seu Art. 208, inciso III (BRASIL, 2006). A LDB reafirma as necessidades educativas especiais de forma geral, seguindo o princípio da educação para todos, e ratifica a igualdade de acesso e permanência na escola, no seu art. 2º (BRASIL, 1996), havendo ainda outras formas de leis, decretos, portarias, resoluções e programas que foram sendo publicados no Brasil ao longo dos anos para além das elencadas no quadro 1.

Logo, discutir esse percurso constitutivo da formação continuada em Educação Inclusiva é colocar em exercício uma racionalidade que nos permite olhar para as relações de poder alimentadas por uma matriz de interesse que coloca em funcionamento alguns elementos como inclusão, mercado e tecnologias, dentro de uma responsabilidade social que é a Educação Pública a qual já tenta dar conta de narrativas de descredito, de sucateamento e de desigualdades sociais. Isso não quer dizer ser contra a inclusão, mas manter-se atento ao que estamos fazendo dessa ideia e a tudo que se encontra em volta.

De acordo com cenário, em 2005, ocorre o nascimento da Universidade Federal Rural do Semi-Árido (Ufersa), antes Escola Superior de Agronomia (Esam), a qual ofertava apenas três cursos superiores, hoje uma universidade federal consolidada, com cerca de 42 cursos de graduação, presencial e à distância, 17 cursos de pós-graduação, mais de 10 mil estudantes, mais de 1.300 servidores, entre professores e técnico-administrativos e quatro campi, além de fazer parte da rede de formação de professores do Ministério da Educação, dentre outros. Na cena que se constrói, pautada de investimento e transformação, fazer parte da Rede Nacional de Formação Continuada de Professores na Educação Básica (Renafor) foi a oportunidade de ofertar cursos em níveis de aperfeiçoamento e especialização, nas modalidades presencial, semipresencial e a distância, por meio da UAB, fomentados pelo MEC.

Foi nesse cenário que se deu a estruturação do trabalho do núcleo interdisciplinar pedagógico na instituição, consolidando ações na formação docente da universidade com a institucionalização do Programa de Formação Docente Permanente. Posteriormente, partindo para uma empreitada maior, constituindo-se formadores dentro da Política Nacional de Formação Continuada. Isso, no âmbito de uma universidade que não dispunha de corpo docente suficiente na área pedagógica para formação proposta o que só foi possível com o incentivo do MEC, diante da disponibilização dos recursos necessários para a execução.

Etapas do processo, a saber: conseguir fazer parte da Renafor, construir um projeto pedagógico do curso e ser aprovado aos crivos do MEC para aquisição do recurso, disponibilizar uma equipe especializada na área, prestar formação especializada à equipe e possuir recursos suficientes de Educação a Distância para oferta do curso em todo país.

Desafios superados, acontece a primeira oferta, com o apoio do Sistema Nacional de bolsa-formação - SisFor 2014/2015 e com a parceria do Núcleo de Educação a Distância – NeaD/Ufersa, que estava iniciando suas atividades, com o desafio de ofertar para todo o país, na modalidade a distância, 300 vagas de aperfeiçoamento em Atendimento Educacional Especializado.

Com isso, foram matriculados 292 cursistas na primeira oferta, cujos índices de aprovação chegaram a 52,9%, os de evasão, 42,1% e reprovação 5%. Sobre a taxa de evasão, esta circunda os índices apresentados e esperados da Educação a Distância atual do nosso país, e em se tratando deste curso, acreditamos que um dos possíveis fatores que contribuiu para tais índices foi o grau de escolaridade dos participantes da pesquisa, pois 54,4% dos professores/cursistas evadidos já possuíam alguma pós-graduação. Como se tratava de um curso de aperfeiçoamento, muitos relataram, ao serem consultados por telefone ou e-mail, que o curso não traria nenhuma titulação a mais, nem tão pouco agregava subsídios financeiros ao trabalho, pensamento contrário a política de formação continuada defendida pelo MEC. Segundo Braga Junior (2019, p. 48) "outros motivos apresentados pelos alunos desistentes foram: falta de tempo para se dedicar ao curso devido ao trabalho, problemas de saúde e pessoais, já fazia outro curso e não dava para conciliar".

Ainda de acordo com o autor,

> [...] dentre os aprovados, [...] 64,33% dos professores/alunos já possuíam alguma pós-graduação, constando assim, um maior índice de aprovação nesta categoria o que nos indica que já existe uma convergência do pensamento por parte dos professores da Educação Básica para com a formação continuada (BRAGA JUNIOR, 2019, p. 48).

No decorrer desse processo, foi lançado mão de um estudo descritivo e exploratório, numa abordagem quanti-qualitativa na qual se utilizou o Sistema Integrado de Gestão de Atividades Acadêmica (Sigaa) e o Ambiente Virtual de Aprendizagem, Moodle para coleta e análise de dados dos professores/cursistas dos cursos de formação. Para catalogar as escritas espontâneas desses cursistas foi criada uma categoria de análise que incluiu todos os princípios neoliberais dessas escritas.

Ao corroborarmos do pensamento de Nóvoa,

> [...] a formação do professor é, por vezes, excessivamente teórica, outras vezes metodológica, mas há um déficit de práticas, de refletir sobre as práticas, de trabalhar sobre as práticas, de saber como fazer. É desesperante ver certos professores que têm genuinamente uma enorme vontade de fazer de outro modo e não sabem como (NÓVOA, 2007, p. 14).

Dessa forma, diante da investigação possibilitou-se uma reflexão da prática, podendo ser ressignificada e reinventada uma outra possibilidade do fazer pedagógico, ofertando a especialização do mesmo curso em 2016, agora com 100 vagas, pois os investimentos já não eram os mesmos. Nessa tentativa de valoração perante um juízo crítico e avaliativo para se obter um significado e uma conscientização maior dos envolvidos, passamos a contemplar aspectos práticos que atendesse as necessidades dos professores no tempo e no imperativo que viviam, utilizando uma interatividade maior por meio dos recursos tecnológicos. Com isso, nessa oferta, obtivemos 91% de aprovação.

Já em 2017/2018, foi ofertado outro curso de aperfeiçoamento, em Atendimento Educacional Especializado, com 300 vagas, porém específico para o estudante com transtorno do espectro autista, o qual conseguiu superar a meta de evasão que era de 30%, obtendo 92,7% de aprovação. Também não podemos deixar de registrar uma possível influência nesse resultado, o imperativo que vivemos do autismo na atualidade.

Esse significado coletivo e essa prática valorável não se expressaram somente em números, mas, principalmente, em forma de depoimentos espontâneos da maioria dos professores/cursistas ao término do curso, no Ambiente Virtual de Aprendizagem, cujo título das mensagens foi "agradecimento". Tais depoimentos, vêm reforçar nossa argumentação sobre a subjetivação dos atores da educação, com relação a lógica neoliberal por uma educação empreendedora na qual se registra quando os professores trazem nas suas escritas questões de transformação no seu modo de fazer docente, como: "valorizar as potencialidades", "condução do curso e dos conteúdos", "capacidade criativa", "reflexão da prática", "novo fazer pedagógico", "competências", "flexibilidade", "habilidades", "acesso a outros saberes", "experiências compartilhadas", "aprendizagens significativas", "novos aprendizados", "olhar individualizado", "transformação docente", "desafios", "mediação", "facilitação", "inovação", "criação", etc.

Dentro dessas falas, há a presença de nomenclaturas empresariais, observando-se também, o acontecimento da subjetivação na prática dos docentes nos quais fazem vivenciar e experimentar outras subjetivações no tocante ao imperativo do empreendedorismo no campo da Educação, o que faz com que muitos acreditem viver a sensação de uma criação. Nesse contexto, a política de formação continuada tem seu escoramento em discursos e práticas constituídas nessa lógica neoliberal para atender sujeitos contemporâneos criativos e inclui-los no jogo comercial, o que contribui para um fazer docente criativo e inovador.

Nessa esteira do pensamento, o significado coletivo do fazer docente se deu a partir de um sonho distante, de uma prática experimentada por condições favoráveis de uma lógica de racionalidade que impera no nosso tempo e nos espaços educacionais oriundos de saberes e interesses, aliados à pesquisa provocando reflexão, problematizando novas formas de pensar e fazer, dando a possibilidade de experimentar outras vivências e reinventar um outro modo do fazer docente.

Quando Foucault (2010, p. 357) coloca que

> Não há um tempo para a crítica e um tempo para a transformação. Não há os que fazem a crítica e os que transformam, os que estão encerrados em uma radicalidade inacessível e aqueles que são obrigados a fazer concessões necessárias ao real. Na realidade, eu acredito que o trabalho de transformação profunda pode apenas ser feito ao ar livre e sempre incitado por uma crítica permanente.

Dessa forma, a crítica se manifesta como um processo de estímulo tanto da vontade de saber como da vontade de transformar. Logo, diante da analítica traçada, esperamos poder pensar à docência no tempo em que vivemos, colaborando com subsídios para discussões mais profundas, pois não podemos deixar de registrar que a Formação Continuada como um imperativo de Estado vem sofrendo uma reconfiguração, nos últimos tempos, quanto às suas estratégias de governamento, passando a operar com ideias reducionistas e discriminatórias, porém, a subjetivação dos atores da Educação perdura na lógica empreendedora.

De acordo com Foucault, a prática pode ser entendida como "a racionalidade ou a regularidade que organiza o que os homens fazem [...], que têm um caráter sistemático (saber, poder e ética) e geral (recorrente) e, por isso, constituem uma 'experiência' ou um 'pensamento'" (CASTRO, 2009, p. 338). Nesse sentido, a teoria trabalhada nos cursos de formação continuada também é uma prática, pois nos afastando de um pensamento dicotômico e pensando em outras possibilidades de compreender as dimensões teoria e prática docente, elas se constituem indissociáveis como duas partes de um mesmo processo de conhecimento.

Portanto, nessa sugestiva virada para aprendizagem, a liberdade de aprender, interpretar e fazer sentido necessita de uma análise crítica minuciosa para não cairmos apenas, numa liberdade neoliberal de fazer o que quer fazer sem considerar as consequências das nossas escolhas e ações, sendo preciso adotarmos uma Educação democrática e crítica para não a constituir como uma mera máquina de produção específica de resultados.

Referências

BIESTA, Gert. **Para além da aprendizagem**: educação democrática para um futuro humano. Belo Horizonte: Autêntica, 2013.

BRAGA JUNIOR, Francisco Varder. Atendimento educacional especializado: do perfil a formação dos professores. *In*: MACHADO, Danielle H. A.; CAZINI, Janaína (org.). **Inclusão e educação 5**. Ponta Grossa (PR): Atena Editora, 2019.

BRAGA JUNIOR, Francisco Varder. **Acessibilidade das pessoas com deficiência no ensino superior**: estratégias de governamento e processos de in/exclusão. 2022. 110 f.Tese (Doutorado em Educação) – Programa de Pós-Graduação em Educação, Universidade de Santa Cruz do Sul, Santa Cruz do Sul, 2022.

BRASIL. **Constituição da República Federativa do Brasil de 1988**. Brasília: Senado Federal, 2006.

BRASIL. Ministério da Educação. Lei nº 9.394 de 20 de dezembro de 1996. Estabelece as Diretrizes e Bases da Educação Nacional. **Diário Oficial da União**. Brasília, DF, 1996. Disponível em: http://www.planalto.gov.br/ccivil_03/leis/l9394.htm. Acesso em: 10 mar. 2021.

BRASIL. Ministério da Educação. Secretaria de Educação Especial. **Política Nacional de Educação Especial na Perspectiva da Educação Inclusiva**. Brasília, DF: SEESP, 2008. Disponível em: http://portal.mec.gov.br/arquivos/pdf/politicaeducespecial.pdf. Acesso em: 11 mar. 2021.

BRASIL. Ministério da Educação. *Resolução n. 2, de 1º de julho de 2015*. Define as Diretrizes Curriculares Nacionais para a formação inicial em nível superior (cursos de licenciatura, cursos de formação pedagógica para graduados e cursos de segunda licenciatura) e para a formação continuada. **Diário Oficial da União**, Brasília, 25 jul. 2015. Disponível em:http://portal.mec.gov.br/index.php?option=com_docman&view=-download&alias=136731-rcp002-15-1&category_slug=dezembro-2019-p-df&Itemid=30192. Acesso em: 14 maio 2020.

BRASIL. Presidência da República. Lei nº 13.146, de 6 de julho de 2015. Institui a Lei Brasileira de Inclusão da Pessoa com Deficiência (Estatuto da Pessoa com Deficiência). **Diário Oficial da União**. Brasília, 2015. Disponível em: http://www.planalto.gov.br/ccivil_03/_ato2015-2018/2015/lei/l13146.htm. Acesso em: 11 mar. 2021.

CASTRO, Edgardo. **Vocabulário de Foucault** – Um percurso sobre seus temas, conceitos e autores. Belo Horizonte: Autêntica, 2009.

FOUCAULT, Michel. **Segurança, Território, População.** Trad. Eduardo Brandão. São Paulo: Martins Fontes, 2008a.

FOUCAULT, Michel. **O Nascimento da Biopolítica.** São Paulo: Martins Fontes, 2008b.

FOUCAULT, Michel. É importante pensar? *In:* FOUCAULT, Michel. **Ditos & Escritos VI.** Repensar a política. Rio de Janeiro: Forense Universitária, 2010, p. 354-358.

GADELHA COSTA, Sylvio. **Biopolítica, governamentalidade e educação**: introdução e conexões, a partir de Michel Foucault. Belo Horizonte: Autêntica, 2009.

NÓVOA, Antônio. **Desafios do trabalho do professor no mundo contemporâneo.** São Paulo: SINPRO, 2007. Disponível em: www.sinprosp.org.br. Acesso em: 14 maio 2020.

PIMENTEL, Geysa Alves. **Universidade e Políticas de Extensão no Governo Lula**: Período de 2003 a 2010. Tese de Doutorado do Programa de Pós-Graduação em Ciência Política da Universidade Federal do Rio Grande do Sul. Porto Alegre: UFRGS, 2015. Disponível em: UFRGS - Universidade Federal do Rio Grande do Sul http://www.lume.ufrgs.br/handle/10183/131537. Acesso em: Mai, 2020.

SARAIVA, Karla. Formação de professores nas tramas da rede: uma prática de governamentalidade neoliberal. **Em aberto**, Brasília, v. 23, n. 84, p. 123-137, nov. 2010.